# Helga Fritzsche

# Gemüseanbau im eigenen Garten

Vierte, durchgesehene Auflage

*BLV Garten- und Blumenpraxis*

Die Deutsche Bibliothek –
CIP-Einheitsaufnahme

**Fritzsche, Helga:**
Gemüseanbau im eigenen
Garten / Helga Fritzsche. –
4., durchges. Aufl. – München;
Wien; Zürich: BLV, 1993.
(BLV Garten- und Blumenpraxis; 311)
ISBN 3-405-12949-4

NE: GT

**Bildnachweis**

Fotos von Wothe, außer:
Beckmann 21, 36
Daudt 29 Mr, ur, 30 or, u
Mauser 65
Rohdich 29 o, Ml
Sperling 56
Stangl 34
Umschlagfotos: Wothe

Graphiken: Hellmut Hoffmann

BLV Verlagsgesellschaft mbH
München Wien Zürich
8000 München 40

BLV Garten- und Blumenpraxis 311

© BLV Verlagsgesellschaft mbH,
München, 1993

Gesamtherstellung: R. Oldenbourg,
München

Gedruckt auf chlorfrei gebleichtem Papier
(Royal Focus)

Printed in Germany · ISBN 3-405-12949-4

# Inhaltsverzeichnis

# Einführung

Als wir gebaut hatten und es darum ging, den Garten anzulegen, merkten mein Mann und ich, daß unsere Vorstellungen nicht übereinstimmten. Zwar wünschten wir beide uns ein paar Beerensträucher, Ziergehölze, Stauden, Rosen und Rasen – aber ich wollte außerdem Gemüse anbauen. Weil wir den mit Quecke durchwachsenen Wiesenumbruch, unser Grundstück, im ersten Sommer durch Kartoffelanbau säubern, gewann ich Zeit. Die Gemüsepreise waren damals hoch, unser Geld mehr als knapp und ich vergaß nie, darüber zu berichten. Schließlich ließ sich mein Mann überzeugen. Ich bekam Gemüsebeete, zwei vierfenstrige Frühbeete, Eigenbau natürlich, und später ein kleines Folienhaus. Hier wächst heute noch, was wir an Grünzeug in der Küche brauchen, und wir haben den Entschluß nie bereut.

Es hat sich herumgesprochen, daß frisches Gemüse und frische Salate für vollwertige, richtige Ernährung unentbehrlich sind, genau so wichtig für Feinschmecker wie für Gesundheitsbewußte. Ärzte haben herausgefunden, daß regelmäßiger Genuß von Gemüse in roher oder gekochter Form imstande ist, Zivilisationskrankheiten wie Darmkrebs und bestimmten Herzleiden vorzubeugen. Daß Gemüse in der Diätküche für Diabetiker, Rheumatiker,

Nierenkranke und Übergewichtige eine große Rolle spielt, ist bekannt. Gemüse kann zum Glück vielseitig zubereitet werden und braucht nie langweilig zu schmecken! Der alte Spruch »Gesund ist, was schlecht schmeckt« stimmt eben doch nicht. Es gibt die interessantesten und appetitlichsten Rezepte für rohe und gekochte Salate, geschmorte, überbackene, mit Fleisch, Käse oder Schinken gefüllte Gemüsegerichte, pikante Aufläufe und Eintöpfe »quer durch den Garten«. Wer Schonkost braucht, findet ebenso etwas Geeignetes wie ein Zuckerkranker oder der, der auf seine Pfunde achten muß.

Gewürzt wird mit frischen oder getrockneten Kräutern (für Nieren- und Herzkranke das beste, aber nicht nur für sie zu empfehlen), mit Fleischbrühwürfeln und allerlei anderen raffinierten Würzen und Würzmischungen, die es zu kaufen gibt. Sie müssen nur darauf achten, daß der Eigengeschmack der Gemüse nicht überdeckt wird.

Sie können selbst experimentieren – mir selbst macht gerade das am meisten Spaß. Sie können sich aber auch Anregungen aus Kochbüchern holen und schließlich, wenn Sie mögen, beide »Methoden« kombinieren. Bei den einzelnen Gemüsearten finden Sie Tips für die Zubereitung, die Sie variieren können.

# Allgemeines

## Gemüse aus eigenem Anbau

Gemüse aus dem eigenen Garten schmeckt besonders gut, weil es frisch – und weil es Eigenbau ist. Im Frühjahr und Sommer können Sie alles direkt vor der Zubereitung vom Beet holen, mit einem Höchstmaß an Wohlgeschmack und wertvollen Inhaltstoffen, und im Winter bei frostfreiem Wetter Feldsalat, Rosenkohl, Porree und Winterwirsing. Auch die Preise sprechen dafür, Gemüse nach Möglichkeit selbst anzubauen. Sie klettern besonders im Winter und frühen Frühjahr. Und schließlich kann es sogar Spaß machen, Gemüse heranzuziehen.

## Auswahl der Gemüsearten

Kaum jemand hat Platz für alle gebräuchlichen Gemüsearten – schon deshalb, weil noch anderes auf der Wunschliste steht und dem echten Hobbygärtner der Platz sowieso nie reicht. Man muß also auswählen. Am wichtigsten sind Arten, bei denen es auf absolute Frische ankommt, weil sie rasch welken und Transport schlecht vertragen: Blattgemüse und Blattsalate. Interessant ist auch alles, was man selten zu kaufen bekommt: Cocktailtomaten, Feuerbohnen, Pflücksalat, Romanasalat, Zucchini, verschiedene Kürbisarten, Sojabohnen. Wer Platz genug hat, wird die gesundheitlich besonders wichtige und teuere Gemüseversorgung im Winter mit einbeziehen und Feldsalat, Radicchio, Rosenkohl, Schwarzwurzeln, Dauerwirsing, Winterporree anbauen. Und schließlich spielt der persönliche Geschmack eine Rolle.
Freilich müssen Sie Ihre Wünsche mit den Realitäten abstimmen, beispielsweise mit den Ansprüchen der einzelnen Gemüsearten (Genaues dazu ab Seite 52). In schlecht belichteten Gärten und an zugigen Stellen gedeiht nicht viel. Auch »Halbschatten« bedeutet nur noch einige Stunden Licht und Sonne täglich. In rauhem Klima sollten Sie Tomaten, Paprika und Gurken unter Glas oder Folie halten. Windige Lagen erfordern Windschutz durch Pflanzungen (z. B. Hecken) oder andere Einrichtungen.
Gartenstücke an stark befahrenen Straßen eignen sich überhaupt nicht für den Anbau von Nahrungspflanzen. Ihr Wert wird dort durch Aufnahme von Giftstoffen stark gemindert.

## Gemüse wächst nicht nur im Garten

### Gemüse im Gemüsegarten
Meist wird Gemüse in einem besonderen Teil des Gartens gepflegt. Hier ist alles übersichtlich beisammen, die Bewirtschaftung einfach. Praktisch ist die Trennung der Gemüsefläche vom übrigen Gelände

durch einen festen (Platten-)Weg. Zwischen den Beeten gibt es nur getretene, 30 cm breite Wege, damit im Herbst die ganze unbebaute Fläche gelockert oder mit Grünsaaten verbessert werden kann. Um auch bei nassem Wetter trockenen Fußes dort gehen zu können, legen Sie am besten Bretter in passender Breite aus. Im Herbst trocken untergebracht, halten sie einige Jahre. Außerdem sind sie brauchbare Schneckenfallen (Seite 28).

## Gemüse im Ziergarten

Viele Gemüsearten ließen sich bei unvoreingenommener Betrachtung im Ziergarten denken. Was dem entgegensteht, sind eher praktische Gründe: das meiste wird schon nach verhältnismäßig kurzer Zeit wieder abgeerntet, das ist oft ein bißchen mühsam zwischen anderer Bepflanzung – Lücken entstehen, der Anblick leidet. Viele Arten würden in Mischpflanzung mit Ziergewächsen nicht genug Licht bekommen, und die notwendige Nachdüngung paßt nicht immer zu den Bedürfnissen der Nachbarpflanzen. Ein paar Möglichkeiten gibt es aber doch. Feuerbohnen und Stangenbohnen können am Zaun wachsen, auch hohe Erbsen und Zucchini können mit ihren saftiggrünen Blättern, leuchtendgelben Schalenblüten, schön geformten grünen oder gelben Früchten an sonnigen Stellen den ganzen Sommer über Schmuckpflanzen sein, wenn ihnen genügend Platz, Nahrung und Wasser zur Verfügung stehen. Der rotblättrige Mangold 'Vulkan', steht zwischen Einjahrsblumen genauso gut wie zwischen Stauden. Auch Porree ist dekorativ, noch Anfang der fünfziger Jahre wuchs er zwischen bunter Sommerbepflanzung ums Nymphenburger Schloß. Das dunkle Blaugrün der Blätter und die strenge Wuchsform harmonierten sehr gut mit den leuchtenden Blütenfarben.

## Gemüse auf dem Komposthaufen

Auf Komposthaufen wachsen wärme- und humusliebende Pflanzen wie Kürbis, Zucchini, Gurken, Spaghetti-Kürbis, Fliegende Untertassen und Buschtomaten besonders gut und bringen reiche Ernten.

Kürbis wächst am besten auf dem Kompost.

# Allgemeines

## Gemüse auf dem Hügelbeet

Obwohl jedes Gemüse dort wächst – aufs Hügelbeet gehören vor allem wärmeliebende Gemüsearten aus anderen Klimazonen. Vielfältige und reiche Ernten auf engem Raum sind meist der Lohn für die Arbeit, die mit der richtigen Anlage verbunden ist. Gemessen an der langen Nutzungszeit hält sich der Aufwand sowieso in Grenzen.

Besonders bewährt hat sich das Hügelbeet in kühlen, regenreichen Jahren und niederschlagsreichen Gegenden. Die Pflanzen haben »warme Füße«, überschüssiges Wasser kann ablaufen, etwas mehr Dünger ist ab dem 2. oder 3. Jahr nötig. In heißen, trockenen Jahren braucht man mehr Wasser und ab dem 2. Jahr mehr Dünger als bei Normalkultur, weil das Hochbeet rascher austrocknet und Nährstoffe teilweise »ausgewaschen« und in für Wurzeln unerreichbare Tiefen gespült werden.

## Gemüse auf Terrasse und Balkon

Rot- oder weißblühende Feuerbohnen in tiefen Balkonkästen, an Spalier oder Stangen gezogen, können gute Sichtschutzwände sein. Auch Tomaten in speziellen Sorten eignen sich gut für Balkon und Terrasse. Pflück- und Schnittsalat wachsen in Kästen, und sogar

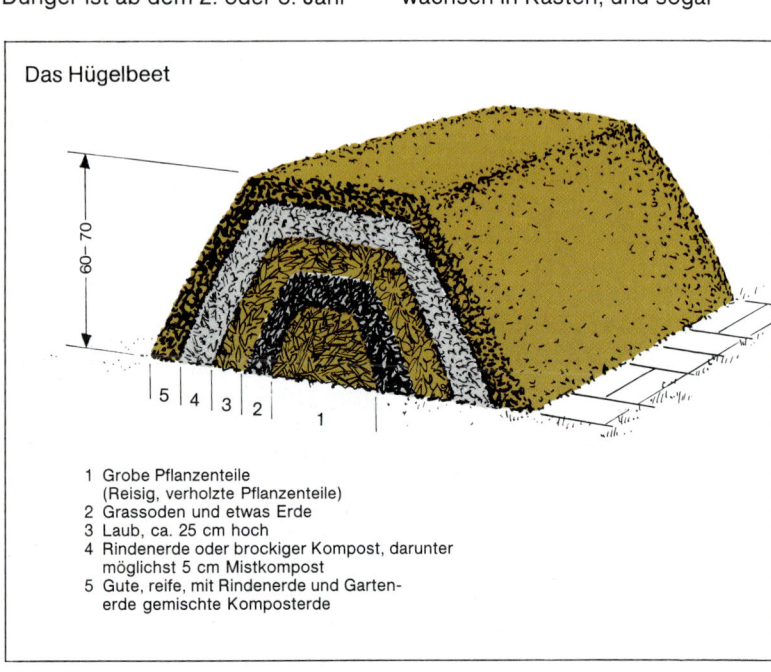

Das Hügelbeet

60–70

5 4 3 2 1

1 Grobe Pflanzenteile
(Reisig, verholzte Pflanzenteile)
2 Grassoden und etwas Erde
3 Laub, ca. 25 cm hoch
4 Rindenerde oder brockiger Kompost, darunter
möglichst 5 cm Mistkompost
5 Gute, reife, mit Rindenerde und Gartenerde gemischte Komposterde

Mischkultur – auch im Balkonkasten möglich.

Mischkultur ist möglich: kurze Möhrensorten mit Schnittsalat und Radieschen oder Pflücksalat mit Radieschen. Geeignet ist z. B. das Beckmann-Folienhaus »Junior« oder das Krieger'sche Balkonfrühbeet mit und ohne thermostatische Heizung, in denen auch Jungpflanzen, Gurken und Melonen gedeihen.

**Gemüse auf dem Kinderbeet**
Kinder bekommen Spaß am Umgang mit Pflanzen, wenn die Freude der Eltern sie ansteckt, wenn Fragen freundlich und genau beantwortet werden – und wenn sie ein eigenes Beet haben.
Sammeln eigener Erfahrungen ist wichtiger als Ordnung nach den Maßstäben Erwachsener. Auch wenn Löwenzahn und Sauerampfer gepflanzt werden – regen Sie sich nicht auf! Kinderbeete gehören grundsätzlich dorthin, wo wirklich etwas wachsen kann. Gepflegter

Motive für Kressezeichnungen

Schablone aus Karton

# Allgemeines

Boden und volles Licht sind Voraussetzung dafür, daß es nicht gleich Enttäuschungen gibt, die dem Kind alles verleiden. Kleine Kinder haben wenig Geduld. Sie brauchen Pflanzen, die rasch wachsen und bald zu ernten sind. Ich erinnere mich noch deutlich daran, wie Großvater unsere Namen mit Kressesamen auf die Beete schrieb. Wie schnell war alles grün, und wie unvergleichlich gut schmeckten gerade diese Blättchen auf Butterbrot! Mit Hilfe selbstgefertigter Schablonen oder freihändig lassen sich auch andere Kresse-Zeichnungen säen: Katze, Hund, Hase, Sonnenblume. Wie wäre es mit einem Wettbewerb unter Spielkameraden und einem »Kressefest« zur Erntezeit? Brot, Quark, Butter, Limo spendieren die Eltern, und viele Spiele, auch laute, gehören natürlich dazu.

Radieschen sind das andere »Kleinkindergemüse«. Sie keimen rasch, sind im Frühjahr in 6, im Sommer in 4 Wochen fertig zum Essen. Radieschen müssen genau gesät und auf den richtigen Abstand verzogen werden, als Keimpflanzen kann man sie umsetzen: Handgriffe, die nicht ohne Vormachen und Übung gelingen.

Größere Kinder ertragen schon ein paar Wochen, in denen trotz pünktlichem Gießen »scheinbar« nichts geschieht. Sie können Frühmöhren (mit kurzer Entwicklungszeit) säen, gemischt mit etwas Radieschen als Markierungssaat, Zuckererbsen, die man im Ganzen knabbern kann und die vorher schon durch Klettern und Blühen Freude machen, blaue und weiße Kohlrabi pflanzen, die, jung geerntet, roh besonders gut schmecken. Kleinfrüchtige Cocktailtomaten verlocken zum Naschen und sind von der Größe her wie gemacht für die Puppenküche. Aber auch großfrüchtige rote und gelbe Tomaten sehen lustig aus und schmecken gut. Brokkoli, Schnitt- und Pflücksalat, Zucchini, Spaghettikürbis, Fliegende Untertassen sind weitere interessante Möglichkeiten. Nicht zu vergessen das Lieblingsgemüse Ihres Kindes. Die Ernte nimmt die Mutter entgegen oder läßt die Gärtner selbst versuchen, etwas Eßbares daraus zu machen, wenn sie möchten. Aber: selbständig arbeiten lassen – einschließlich der langweiligen Arbeiten wie Gemüseputzen, Abwaschen, Aufräumen. Kritische Mütter wie ich räumen am besten das Feld und kommen erst, wenn alles fertig und wieder sauber ist. Sonst vergeht leicht allen Beteiligten der Spaß.

Aus Platzmangel sind Kinderbeete meist klein. Bei uns bekam deshalb jedes Kind auf Wunsch einen kräftigen Rhabarber, eine Frühkartoffel, eine Stangenbohne oder eine Zucchinipflanze, die es kennzeichnen, pflegen und abernten konnte.

Schon für Kinder gibt es handliche, stabile Gartengeräte in der für sie richtigen Länge.

# Wachstumsgesetze

Pflanzen, also auch Gemüsepflanzen, brauchen zum Gedeihen Licht, Wärme und ein geeignetes Substrat (Erde). Die Ansprüche sind etwas unterschiedlich, weil jede Art sich in langen Zeiträumen an die Verhältnisse des Herkunftslandes angepaßt hat. Durch züchterische Arbeit ist zwar manches verändert worden, aber nur in Grenzen. Damit es nicht durch kümmerliches Wachstum, übermäßigen Schädlings- und Krankheitsbefall Ärger gibt, müssen wir uns auf die jeweiligen Ansprüche einstellen. Ist das nicht möglich, verzichtet man besser auf die eine oder andere Art.

## Licht

Wichtigste Voraussetzung für den zentralen Lebensprozeß aller Pflanzen, die Assimilation oder Photosynthese, ist das Licht. Pflanzlichen Lichthunger haben Sie sicher schon selbst beobachtet, besonders bei Zierpflanzen in den Wintermonaten, die immer »nach dem Licht ziehen«. Das grüne Blatt entnimmt durch die Spaltöffnungen auf der Unterseite Kohlendioxid ($CO_2$ = »Kohlensäure«) aus der Luft. In der »Bio-Fabrik« Blatt entsteht dann aus Sonnenenergie, Kohlendioxyd und Wasser (in jeder lebenden Zelle vorhanden) Traubenzucker und Sauerstoff.

Sehr wichtig für das Gedeihen der Gemüsepflanzen ist ein gut geregelter Wasserkreislauf. Blätter und Wurzeln nehmen das Wasser auf, nicht verbrauchtes verdunstet und bildet neue Wolken.

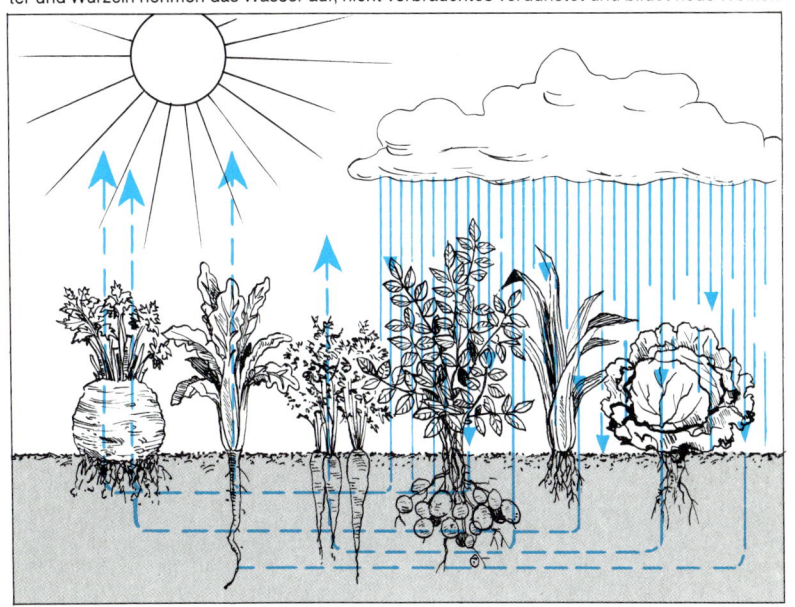

# Wachstumsgesetze

Wir atmen den bei der Assimilation freigesetzten Sauerstoff, der Mensch und Tier das Leben überhaupt erst ermöglicht. Bei der Atmung (umgekehrte Assimilation) wird gespeicherte Energie (Traubenzucker) verbraucht und Kohlendioxyd freigesetzt. Auch Pflanzen atmen, verbrauchen dabei aber nur einen winzigen Bruchteil des verfügbaren Sauerstoffs.

## Wärme

Pflanzen können nur innerhalb gewisser Temperaturgrenzen existieren und nur in bestimmten Temperaturbereichen optimal (bestmöglich) gedeihen. Unter einer bestimmten Mindesttemperatur und über einer bestimmten Höchsttemperatur, die für jede Art etwas unterschiedlich ist, sterben sie ab. Störungen der Lebensvorgänge und dadurch bedingte höhere Anfälligkeit für Krankheiten und Schädlinge machen sich schon lange vorher bemerkbar.

## Wasser

Ohne Wasser ist Leben unmöglich – an Pflanzen wird das besonders deutlich. Gemüsepflanzen sind, wie alle krautigen Gewächse, allein durch Wasser aufrecht und straff. Sie haben bestimmt schon gesehen, wie sie in sich zusammenfallen, wenn notwendiges Gießen vergessen wurde. Und nur wassergefüllte Zellen können arbeiten. Im Saftstrom – ohne Wasser nicht denkbar – werden gelöste Mineralien von den Wurzeln aus dem Boden zum Blatt transportiert, wird »fertige Nahrung« (Traubenzucker, Stärke, Eiweiß, Fett) dorthin gebracht, wo die Pflanze sie braucht, oder als Vorrat eingelagert.

**Zu viel Wasser** schadet, weil es in wassergesättigtem Boden keinen Sauerstoff gibt. Pflanzenwurzeln faulen in vernäßtem Erdreich, können kein Wasser mehr aufnehmen und transportieren – die Pflanze »vertrocknet«, erkrankt oder verfault.

## Erde (Substrat)

Es ist auch nicht gleich, in welcher Erde Gemüsepflanzen heranwachsen. Sie gibt nicht nur Halt, sie erleichtert zugleich den Wurzeln die Arbeit und kann in gewissen Grenzen Wasser und Nährstoffe speichern, wenn die Struktur gut, d. h. krümelig, ist.

Gute Fertigerden enthalten zwar meist kein Bodenleben, sind aber krümelstabil. Halten Sie sich unbedingt an gute Markenerden wie Frux ED 73, Lignostrat, Plantahum, Cultural u. a. Ich weiß, es gibt in Nicht-Fachgeschäften öfter abgepackte Billigerden mit verlockenden Namen. Leider gedeihen die Pflanzen darin meist nicht recht und gehen manchmal sogar ein, obwohl sie kräftig und gesund waren. Ich spreche aus Erfahrung.

# Boden und Bodenpflege

Viele Neubaugrundstücke haben zu sandige, zu lehmige, manchmal auch stark verdichtete und undurchlässige Böden. Dann muß zumindest in den ersten Jahren im Herbst mit dem Spaten gegraben und die Scholle gewendet werden, damit der Frost Verdichtungen sprengen und den Boden »gar« (krümelig-locker) machen kann. Oft ist es sogar ratsam, im ersten Herbst zu »holländern« (zwei Spatenstich tief umzugraben), auch wenn das Kraft kostet.

Ausschließlicher Anbau von Kartoffeln in den ersten ein bis zwei Jahren – bei Frühkartoffeln ergänzt durch nachfolgende Einsaat von Gründüngungspflanzen – verbessert die Bodenstruktur auch erstaunlich und läßt besonders »schwieriges« Unkraut verschwinden.

Kartoffelanbau – gut für verunkrautete Böden.

# Boden und Bodenpflege

## Das Edaphon

Die Gesamtheit der Bodenorganismen wird Edaphon genannt. Man unterteilt in **Bodenfauna** (Regenwürmer, Springschwänze, Hornmilben, Protozoen, Nematoden, Tausendfüßler, Asseln, vielerlei Insekten) und **Bodenflora** (Bakterien, Actinomyceten, Pilze, Algen und Flechten). Je artenreicher das Edaphon, desto stabiler sind Krümelstruktur und Wachstumsbedingungen für unsere Pflanzen.

**Regenwürmer** zerkleinern auch gröbere Überreste von Pflanzen und Tieren, ziehen Fallaub in die Erde, durchwühlen und lockern den Boden, reichern ihn mit Nährstoffen an. Regenwurmkot enthält drei- bis viermal soviel pflanzenaufnehmbare Nährstoffe wie die umgebende Erde! Die bis zu 2 m tiefen Röhrensysteme der Regenwürmer haben große Bedeutung für die Luft- und Wasserführung des Bodens.

Auch die anderen Bodentiere zerkleinern abgestorbene organische Substanz, wühlen und lockern.

**Bakterien und Actinomyceten** lösen Phosphor- und Eisenverbindungen, bilden den größten Teil der Bodenkohlenstoffe, scheiden antibiotische Stoffe aus, sind an Aufbau und Stabilisierung der Erdkrümel beteiligt. Manche Bakterien, wie Azotobacter, können freilebend, andere in Symbiose (enger Lebensgemeinschaft) mit Pflanzen Luftstickstoff binden und für Wurzeln aufnehmbar

machen. Alle Schmetterlingsblütler (Erbsen, Bohnen) leben mit stickstoffbindenden Symbionten, die in kleinen Knöllchen an den Wurzeln leben. Sie brauchen deswegen kaum Stickstoffdünger und hinterlassen die Beete gut versorgt. Nur bei kaltem, nassem Wetter funktioniert die »Zusammenarbeit« schlecht – Sie können dann mit etwas Stickstoffdünger nachhelfen.

**Pilze** geben durch ihr Geflecht der Bodenstruktur mechanischen Halt, sind Energie- und Kohlenstofflieferanten.

**Algen** enthalten Chlorophyll (Blattgrün), können deshalb assimilieren und sind imstande, den Boden mit Stickstoff anzureichern.

In jedem gesunden Boden lebt eine Vielzahl kleiner und kleinster Lebewesen, die alle mit dazu beitragen, den Pflanzen geeignete Wurzelungs- und Nahrungsräume zu schaffen.
Mehr zu diesem Thema finden Sie auch in dem Buch »Der Bio-Garten«, das ebenfalls in der BLV Verlagsgesellschaft erschienen ist.

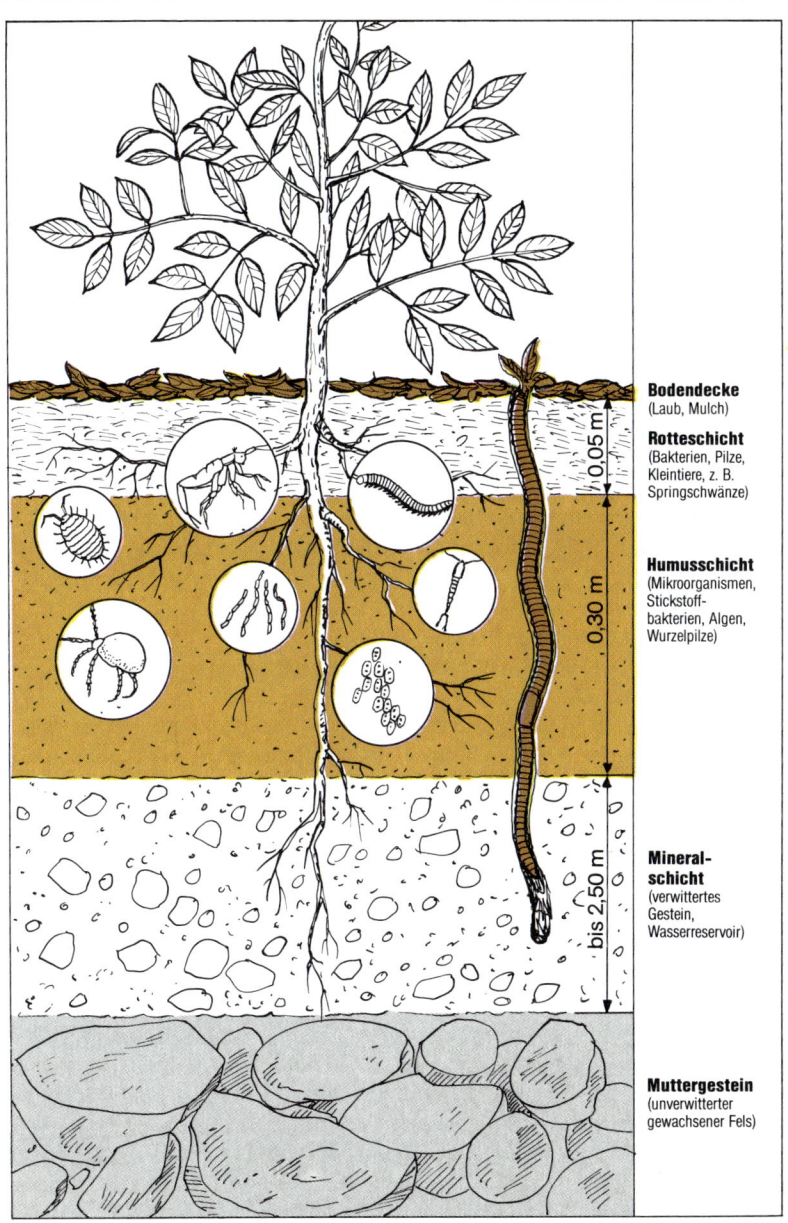

**Bodendecke**
(Laub, Mulch)

**Rotteschicht**
(Bakterien, Pilze,
Kleintiere, z. B.
Springschwänze)

0,05 m

**Humusschicht**
(Mikroorganismen,
Stickstoff-
bakterien, Algen,
Wurzelpilze)

0,30 m

**Mineral-
schicht**
(verwittertes
Gestein,
Wasserreservoir)

bis 2,50 m

**Muttergestein**
(unverwitterter
gewachsener Fels)

# Boden und Bodenpflege

## Richtige Bodenbearbeitung

Im Frühjahr darf das Land erst nach völligem Auftauen und leichtem Abtrocknen bearbeitet werden, also erst, wenn es nicht mehr schmiert. Im Herbst ist grobscholliges Graben und Wenden der Scholle nur bei schweren Lehmböden oder noch rohen Böden angebracht, damit der Frost die groben Schollen sprengen kann. Für humusreiche und leichte Böden ohne Verdichtungen genügt die Grabgabel: Einstechen, Grabgabel vor- und zurückbewegen, herausziehen, daneben einstechen, hin- und herbewegen und so weiter.

**Mulchen** (Bedecken des Bodens) behindert Unkrautwuchs, hält den Boden locker, schützt das Land gegen übermäßige Austrocknung und gegen Verschlämmen, aber auch gegen krasse Temperaturschwankungen. Sie können organisches Material verwenden: Gemüseabfälle, Rückschnitt ausdauernder Kräuter, Hecken- und Rasenschnitt. Es verrottet im Lauf des Sommers (Flächenkompostierung), wird im Herbst bei der Bodenbearbeitung mit untergebracht und ist dann zugleich organischer Dünger. Sie können auch mit Mulchpapier oder -vlies mulchen, die genauso wirken, Regen- und Gießwasser durchlassen, aber keine Nährstoffe liefern wie organisches Material. Das Papier kann nach der Kultur eingearbeitet werden oder kommt auf den Kompost.

> **Wichtig:** Den Boden **vor** dem Verlegen, Papier oder Vlies **vor** dem Pflanzen gründlich gießen! Später über die Mulchabdeckung.

Unter Mulchpapier bzw. -vlies erwärmt sich der Boden, wärmebedürftige Gemüsearten wie Gurken, Tomaten, Paprika, Bohnen und Zucchini entwickeln sich deswegen hier besonders gut. Man pflanzt oder sät in runde Öffnungen (gelochtes Papier und Vlies mit unterschiedlichen Abständen) oder in Kreuzschnitte.

## Kompost

Eigener Kompost ist das Recycling des Gartenbesitzers und neben der Gründüngung die (weitgehend kostenlose) tragende Säule der Humusversorgung. Er entsteht aus allen in Garten und Küche anfallenden verrottbaren Abfällen, aus Laub von Rasen und Wegen, aus Kuh-, Pferde- und Kleintiermist. Sogar kleine Mengen unbedruckten Papiers (keine Illustrierten, die sich schwer zersetzen) dürfen dabei sein. Verboten sind Zitrusschalen, die schlecht verrotten, außerdem Spargelgrün und Kohlstrünke, die Schädlinge und Keime von Pflanzenkrankheiten konservieren.

# Boden und Bodenpflege

Sehr groß ist die Auswahl bei Kompostsilos.

Weiche und feste Abfälle richtig gemischt.

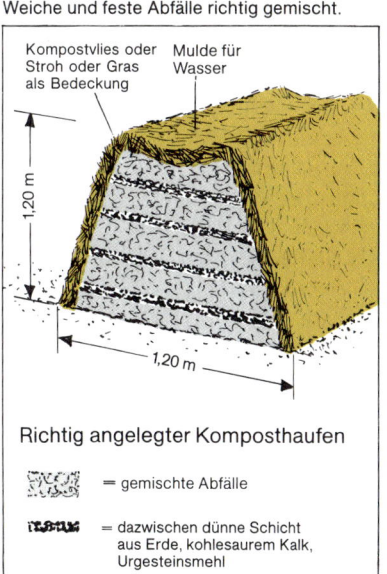

Kompostvlies oder Stroh oder Gras als Bedeckung

Mulde für Wasser

1,20 m

1,20 m

### Richtig angelegter Komposthaufen

= gemischte Abfälle

= dazwischen dünne Schicht aus Erde, kohlesaurem Kalk, Urgesteinsmehl

Wichtig: ein **geräumiger** Kompostbehälter!

# Boden und Bodenpflege

**Wichtig:** Weiche und feste Abfälle gut mischen, damit das Material nicht zu dicht liegt und verfault, statt zu verrotten.

Die Abfälle werden entweder zu **Komposthaufen** aufgeschichtet oder in **Kompostsilos** untergebracht, die selbst in kleine Gärten passen. Ein wenigstens halbtags beschatteter Platz ist günstig. Komposthaufen sollen nicht höher und breiter als 120 cm sein, damit sie genügend durchlüftet werden und richtig verrotten können. Auf die einzelnen Lagen streut man etwas (Kompost-)Erde, außerdem kohlensauren Kalk, Algenkalk oder Urgesteinsmehl, und bei Trockenheit muß gewässert werden. Sie können auch kombinieren – frische Abfälle ins Kompostsilo bringen, nach einem halben Jahr alles herausholen und zum Haufen aufsetzen. Ein gutes Jahr später kann der halbfertige Kompost im Herbst locker 15 cm hoch auf die gegrabenen Beete gebracht werden. Vorher durch ein grobmaschiges Sieb werfen, um große Steine, Holz und unverrottete Stengel abzutrennen. Platzsparend ist Kompostieren im **Kompostsack** mit Kompoststarter oder Kompostbeschleuniger.

## Bodenverbesserung

**Gründüngung** säen Sie auf abgeerntete oder noch nicht gebrauchte Beete, wenn zum Wachsen ein paar Wochen Zeit bleiben: »Grünhumus« auf leichte und mittlere, »Grünaktiv« auf schwere Böden. »Schnellgrüner« wächst in jedem Boden, und zwar besonders rasch (in Kleinpakkungen im Fachgeschäft). Sie können auch bis Mitte September Gelbsenf säen, der von Schnecken und Vögeln gemieden wird, allerdings nur dann, wenn keine Kohlhernie im Garten vorkam, weil auch Senf ein Kreuzblütler ist. Oder eine Mischung aus 100 g Roggen oder Hafer, 50 g Wicken, 50 g Felderbsen, 20 g Pferdebohnen für je 10 m$^2$ (bis Anfang September). Samen dafür gibt es in landwirtschaftlichen Lagerhäusern, nur in größeren Mengen – also gut geeignet für große Gärten oder Gemeinschaftseinkauf. Gründüngungspflanzen werden gemäht oder abgehackt, wenn sie reichlich handhoch sind, als Mulch verwendet, flach untergegraben oder kompostiert. Spätsaaten abfrieren lassen und im Frühjahr mit einkrailen.

**Gesunde Ernterückstände** können eingekrailt oder flach untergegraben werden. Witterungseinflüsse und Bodenorganismen zersetzen sie langsam zu Nähr- und Dauerhumus.

**Torf** enthält keinerlei Nährstoffe, obwohl er als »Düngetorf« verkauft wird. Aus ökologischen Gründen wird er immer mehr durch Rinden- und Holzfasersubstrate ersetzt. Diese sind ebenso imstande, Wasser und Nährstoffe zu speichern, leichte Böden bindiger zu machen und schwere zu lockern.

Zu beachten ist ein etwas höherer Stickstoffbedarf für die Verrottung von Holz und Rinde. Auch torffreie Fertigerden sind bereits praxisreif und im Handel erhältlich.

## Wasserversorgung und Ernährung

Gute humose Gartenerde kann etwas Wasser speichern und so Feuchtigkeitsschwankungen ausgleichen. Leicht verkrustende Böden brauchen weniger Wasser und bleiben lockerer, wenn Sie mulchen oder mit einer Ziehhacke die Kapillaren (haarfeine Öffnungen des Bodens) unterbrechen, durch die sonst Wasser verdunstet.

Beurteilung der Feuchtigkeit nach dem Aussehen der obersten Bodenschicht ist falsch. Wenn Sie genau Bescheid wissen wollen, müssen Sie in 20 cm Tiefe nachsehen. Häufiges oberflächliches Gießen schadet der Bodenstruktur und nützt wenig. Das Wasser soll in den Wurzelbereich vordringen, nicht nur die grünen Teile ein bißchen erfrischen und den Boden dunkel färben. Gießen Sie, wenn es wirklich nötig ist, dann aber jedesmal 20–30 Liter pro Quadratmeter!

**Gefäßerde** trocknet schneller aus und wird leichter zu naß als die Erde im Garten.

Die Regentonne kommt wieder zu Ehren.

**Fertigerden** verhalten sich etwas unterschiedlich: Stark torf-, rinden- oder holzfaserhaltige Substrate nehmen sehr schwer Wasser auf. Wenn sie ausgetrocknet sind, hilft nur Tauchen des Gefäßes, bis das Wasser 1 cm über den Rand reicht und keine Luftblasen mehr aufsteigen. Erden mit Tonanteilen dagegen werden eher zu naß und brauchen nur bei großer Hitze täglich gegossen zu werden.

**Regenwasser** ist billiger als Leitungswasser und bekommt allen Pflanzen, wenn es nicht zu sehr durch Abgase und Industriestäube verschmutzt ist. Zum Sammeln eignet sich eine einfache Regentonne oder eine im Handel erhältliche Tonne mit Ventil, das Überlaufen verhindert. Eine kleine Pumpe erleichtert das Verteilen des Wassers mit dem Schlauch, wenn Sie nicht schöpfen oder tragen möchten.

# Pflanzenernährung und Düngung

## Die Dünger

Pflanzen brauchen zum Leben die sogenannten Kernnährstoffe Stickstoff (N, zur Förderung des Wachstums), Phosphor ($P_2O_5$, zur Förderung von Blüten- und Fruchtansatz), Kali ($K_2O$, zur Stärkung der Widerstandsfähigkeit und Verbesserung des Geschmacks), Kalk (CaO, Bestandteil der pflanzlichen Zellwände, unentbehrlich für die Gemüse zusagende neutrale Bodenreaktion) und Magnesium (Mg, Bestandteil des Blattgrüns) so notwendig wie eine Reihe von Spurenelementen, Eisen, Bor, Mangan, Kupfer, Zink, Molybdän und andere, die nur in Spuren nötig sind.

In humusreichen Böden von guter Struktur sind alle Nährstoffe enthalten. Aber wir nutzen unser knapp bemessenes Gartenland intensiv, wir ernten und nehmen, was sonst wieder in den natürlichen Kreislauf eingefügt würde. Wir müssen also düngen. Entweder rein organisch mit viel Kompost, Grünsaaten, verdünnter, vergorener Jauche aus Kleintier-, Geflügel- oder Rindermist und aus Unkräutern wie Brennessel, Wallwurz und Kamille, organischen Handelsdüngern (alles zugleich »Futter« für die unentbehrlichen Bodenorganismen) oder zusätzlich mineralisch mit Urgesteinsmehl, Basaltmehl, mineralischen chloridfreien oder chloridarmen Handelsdüngern und Spurenelementdüngern.

Mineralische Düngung allein gibt man auch im Erwerbsgartenbau schon lange nicht mehr, weil die Bedeutung des Humus für gesunde Pflanzen und gute Ernten allgemein bekannt ist.

**Organische Handelsdünger,** zum Beispiel Oscorna-Animalin, Agricorn-Humuskorn und Peru-Guano wirken wie andere organische Düngung auch und enthalten neben Stickstoff und Phosphor etwas Kali, das in manchen organischen Handelsdüngern fehlt. AZ-Dünger enthalten Bodenbakterien und andere Mikroorganismen in inaktiver trockener Form, zusammen mit organisch gebundenen Nährstoffen. Sie wirken im feuchten Boden.

**Organische Handelsdünger mit mineralischem Zusatz** enthalten immer auch Kali (z. B. Hornoska, Manna), teilweise zusätzlich Spurenelemente (z. B. Hornoska Spezial, Manna Spezial). Die bei den Kulturen angegebenen Mengen beziehen sich auf diese Düngerarten.

**Mineralische Mehrnährstoffdünger** (früher »Volldünger«) enthalten fast immer alle Kernnährstoffe, oft zusätzlich Spurenelemente. Blaukorndünger (z. B. Nitrophoska blau Extra, chloridarm, und Nitrophoska blau Spezial, chloridfrei) eignen sich zum Streuen im Garten. Zur Flüssigdüngung, vor allem in Gefäßen, nimmt man wasserlösliche Mehrnährstoffdünger wie Hakaphos blau, Flory 3, Mairol, die als Lösung nach Vorschrift gegeben werden, oder die etwas teureren flüssigen Dün-

# Pflanzenernährung und Düngung

ger, beispielsweise Gabi plus Standard, in der richtigen Verdünnung. Wenn Sie rasch lösliche (wasserlösliche) Nährsalze oder entsprechende Lösungen geben, brauchen Sie mehr Gießwasser als bei organischer Düngung. Trotzdem entsteht im Boden vorübergehend eine konzentrierte Lösung, die das damit in Berührung kommende Bodenleben (Seite 16) schädigt und zum Teil abtötet. Wenn Sie dem Boden genug Humus zuführen und ihn richtig bearbeiten, regeneriert er sich wieder. Außerdem kommen Sie in humusreichen Böden mit wenig mineralischer Düngung aus, weniger, als in den Rezepten bei den einzelnen Kulturen angegeben. Aktives, vielfältiges Bodenleben mineralisiert organisches Material und bringt mineralische Bestandteile aus tieferen Bodenschichten herauf. Es gibt auch Flüssigdünger, z. B. Bycobact, mit allen Kernnährstoffen und Spurenelementen, mit 60 % organischen Bestandteilen, lebenden Bakterien und Mikroorganismen. Sie fördern das Edaphon, damit Humusbildung und Pflanzengesundheit und können ohne weiteres anderer Flüssigdüngung beigemischt werden.

**Dauer- oder Langzeitdünger** enthalten neben den anderen Hauptnährstoffen Stickstoff in Dauerform (kann nicht ausgewaschen werden, wirkt erst nach einiger Zeit) neben rasch wirkendem Stickstoff (z. B. Nitrophoska permanent).

**Spurenelementdünger,** wie das voll wasserlösliche Foliovit, bewähren sich auch im Gemüsegarten bei Vergilbungen und Mangelerscheinungen.

**Einzeldünger** mit nur einem Nährstoff sind für den Hausgarten weniger geeignet. **Ausnahme:** Kalkammonsalpeter gibt man nach langen Regenperioden auch im Garten, weil es dann oft durch Auswaschung zu Stickstoffmangel kommt. Man sieht das meist deutlich, weil junge Blätter gelblich gefärbt sind. Wenn Spurenelementmangel die Ursache der Chlorose (Vergilbung) ist, hilft ein Spurenelementdünger.

**Grunddüngung** heißt der Düngervorrat, den man vor Saat oder Pflanzung in den Boden bringt. Dazu wird die angegebene Düngermenge ausgestreut und eingerecht.

**Kopfdüngung oder Nachdüngung** mit mineralischen Düngern, Jauchen oder organischen Düngern wird meist einige Zeit nach Saat oder Pflanzung nötig. Dabei darf nie etwas auf den »Kopf«, auf die grünen Teile also, gelangen. Trokkene Erde **vorher** gießen, weil es sonst Schäden gibt. Düngekörner gleichmäßig ausstreuen, Abstand zu den Pflanzen 4 bis 5 cm. Bei größeren Pflanzen, vor allem Kohl, ist »Einzelfütterung« günstig. Dazu werden die Düngekörner nicht über die ganze Fläche, sondern um die Pflanze herum verteilt.

# Pflanzenernährung und Düngung

## So düngen Sie richtig

Trockene Erde muß **vor** der Düngung gegossen werden, weil es sonst Schäden gibt. Düngekörner gleichmäßig ausstreuen, nicht näher als 4–5 cm an die Pflanzen heran und ohne etwas auf grüne Teile zu bringen. Bei größeren Pflanzen ist »Einzelfütterung« günstig. Die Düngekörner werden nicht über die ganze Fläche, sondern um die Pflanze herum verteilt (siehe Seite 23, »Kopfdüngung«).

Nach flüssiger Düngung sollten Sie jedesmal mit klarem Wasser nachbrausen. Beet- oder Gefäßerde erst nachdüngen, wenn darin pikierte oder gesetzte Pflanzen weiterzuwachsen beginnen.

$g/m^2$ **und** $g/l$ – das werden Sie bei der Beschreibung der einzelnen Gemüsekulturen oft lesen. Es geht hier um die Menge des Blaukorndüngers pro Quadratmeter oder des löslichen Düngers pro Liter Wasser, die nicht überschritten werden soll. Bei rein organischer Düngung ist dies nicht so wichtig, weil es keine »Verbrennungen« und seltener Überdüngung gibt.

## Abwechslung muß sein

Wenn Jahr für Jahr die gleiche Gemüseart auf dem gleichen Beet steht, lassen die Ernten bald zu wünschen übrig, Krankheiten und Schädlinge breiten sich aus. Einseitige Bodennutzung, Anhäufung bestimmter Stoffwechselprodukte und Wurzelausscheidungen, starke Vermehrung von gerade auf diese Art spezialisierten Krankheitskeimen und Schädlingen sind daran schuld. Außerdem gibt es Arten, die mit sich selbst und bestimmten anderen Arten ausgesprochen »unverträglich« sind, wie man das nennt. Deshalb die gleiche Art nicht öfter als alle 4 bis 5 Jahre auf die gleiche Stelle bringen (Ausnahme: Soja).

# Pflanzenernährung und Düngung

**Mischkultur**

Sie können verschiedene Gemüsearten miteinander aufs gleiche Beet
säen oder pflanzen, dann ist exakter
Fruchtwechsel nicht so wichtig.
Nährstoffe werden vielfältig genutzt,
schädliche Ausscheidungen oft
neutralisiert. Krankheiten und
Schädlinge machen sich weniger
breit. Möhren, Zwiebeln und Lauch
beispielsweise schützen einander
gegen Möhrenfliege, Zwiebelfliege
und Lauchmotte, aber nur, wenn die

Pflanzen eine gewisse Größe haben
und ihr Duft für die Schädlinge zur
Zeit der Eiablage deutlich spürbar
ist. In windigen Lagen und bei stark
windigem Wetter ist Windschutz
wichtig, damit der Duft nicht ver-
weht wird.
Gleichmäßigere Durchwurzelung
und Beschattung der Beete im
Mischkulturbau schafft für Bodenorganismen, die bei Ernährung und

Salat und Kohlrabi auf dem Hügelbeet.

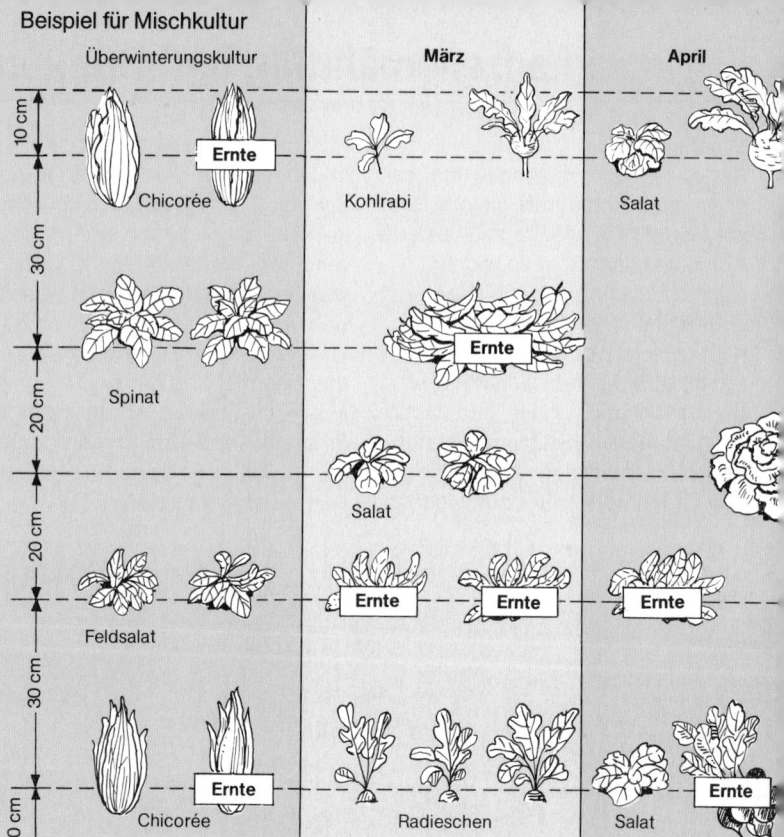

**Beispiel für Mischkultur**

Überwinterungskultur | März | April

Chicorée | Kohlrabi | Salat
Ernte

Spinat | Ernte

Salat

Feldsalat | Ernte | Ernte | Ernte

Chicorée | Radieschen | Salat
Ernte | | | Ernte

10 cm · 30 cm · 20 cm · 20 cm · 30 cm · 10 cm

Gesunderhaltung der Gemüsekulturen wichtige Aufgaben haben, gute Lebensbedingungen, Unkraut kommt kaum hoch. Allerdings paßt nicht alles zu allem.

**Bewährte Mischkulturen sind:**
- Kopfsalat, Kohlrabi und Radies
- Schwarzwurzel und Spätporree
- Frühkraut und Buschbohnen
- Möhren mit Zwiebeln oder Lauch
- Möhren mit Buscherbsen, Blumenkohl, Sellerie u. Frühporree*
- Tomaten mit Blumenkohl, Porree

\* Mischkulturen nach Dr. Hubmann.

oder Sellerie, Winterrettich, Kopfsalat, Schnittsalat, Radies, Möhren, Zwiebeln und Spinat*
- Kopfsalat, Kohlrabi, Schnittsalat, Radies, Spinat*
- Rosenkohl, Sellerie, Kerbel, Spinat, Schnittsalat*

Auch Mischkulturen brauchen gute Humus- und Nährstoffversorgung. Sie werden abgeerntet, wenn sie fertig sind, also meist nacheinander.

**Folgekultur**
Die meisten Gemüsearten wachsen so rasch, daß sie schon nach meh-

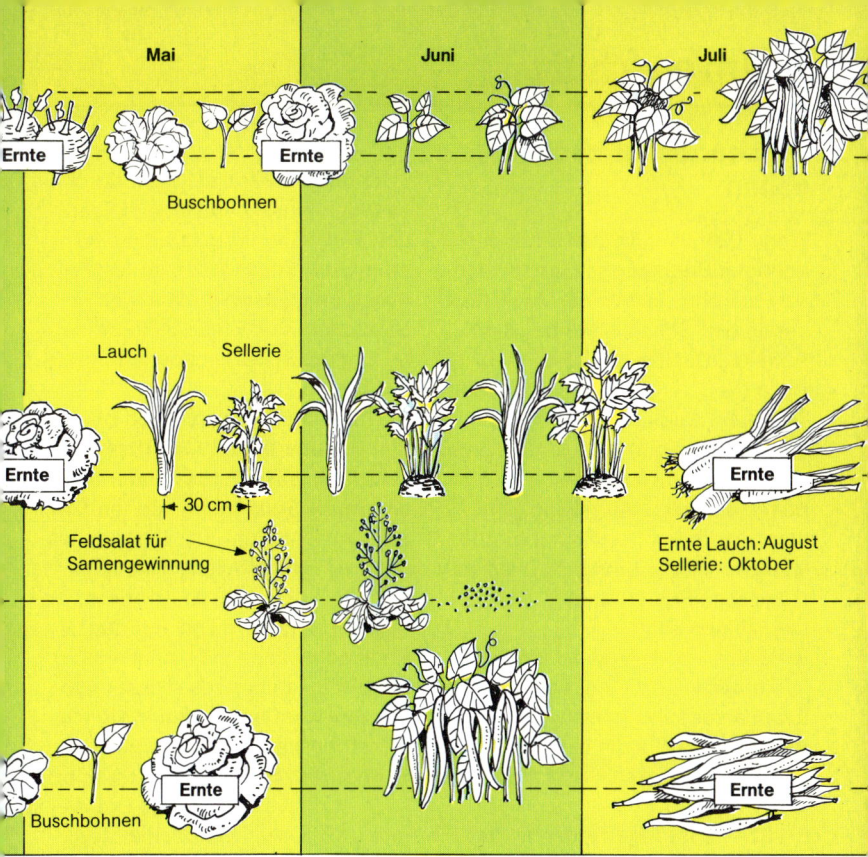

Mai | Juni | Juli

Ernte — Ernte

Buschbohnen

Lauch  Sellerie

Ernte — Ernte

← 30 cm →

Feldsalat für
Samengewinnung

Ernte Lauch: August
Sellerie: Oktober

Buschbohnen  Ernte  Ernte

reren Wochen fertig sind. Deshalb
können andere, als Einzel- oder
Mischkultur, vorher oder hinterher
auf dem gleichen Beet stehen: nach
Frühkopfsalat und Frühkohlrabi beispielsweise Bohnen und Frühkraut,
und schließlich Winterendivie, Spinat, Feldsalat oder Radicchio.

**Wichtig:** nach Abernten und vor
Neubestellung mit Krail oder
Grubber durcharbeiten – nicht
graben! – und die nötige Grunddüngung für die neue Kultur mit
einbringen.

### Zwischenkultur

Dauerkulturen wie Rhabarber und
Spargel brauchen im ersten Jahr
nicht den ganzen Platz, Sie können
also Salat, Kohlrabi, Buschbohnen
und Radies zwischen den Reihen
ernten.
Nie sollte ein Stück Beet unbedeckt
und unbeschattet bleiben. Ist genug
Zeit, säen Sie Gründüngung an, ist
die Pause bis zur nächsten Bestellung nur kurz, mulchen Sie, beispielsweise mit gesundem Abfall
des abgeernteten Gemüses oder
mit Mulchpapier oder -vlies.

# Pflanzenschutz

## Vorbeugen ist besser als heilen

Wenn Gemüsepflanzen unter den richtigen Bedingungen heranwachsen, werden sie weniger von Krankheiten und Schädlingen befallen. Auch die Sortenwahl spielt eine Rolle. Neben robusten Sorten, die Wetterschwankungen nicht gleich übelnehmen, gibt es solche, die gegen bestimmte Krankheiten in hohem Maß widerstandsfähig (resistent) sind. Auf den Samentütchen ist dies meist angegeben, auch Zusätze wie »Resist« zum Sortennamen zeigen es an.

Nützlinge – viele Vögel, Insekten und andere Tiere – helfen ebenfalls, Pflanzen gesund zu erhalten. Wer Bescheid weiß, kann hier viel Arbeit und Kosten sparen – und gesünder leben.

Es ist eine traurige Tatsache, daß ausgerechnet in vielen Haus- und Kleingärten sehr unbekümmert mit Pflanzenschutzmitteln umgegangen wird, so daß es hier zum Teil ernste Rückstandsprobleme gibt! Man versäumt es auch oft, die Gebrauchsanweisung gründlich durchzulesen, und entsprechend sieht die Praxis aus. Es wird zu oft gespritzt, in zu starker Konzentration, Wartezeiten werden unterschritten.

Für ein paar Läuse oder Raupen braucht man keine »chemische Kanone«. Mit geringem Befall werden Nützlinge spielend so weit fertig, daß es keine wesentlichen Schäden gibt – das weiß ich aus jahrelanger Erfahrung –, wenn sie nicht durch häufigen Einsatz von Insektiziden und Fungiziden totgespritzt sind oder Ordnungsfanatismus (Entfernung von Laub auch zwischen Sträuchern und Stauden, kein Mulch) ihnen keine Lebensmöglichkeit läßt.

**Blattlausnester** lassen sich oft durch wiederholtes Abspritzen mit scharfem Wasserstrahl dauerhaft entfernen. **Schnecken** können Sie in Bierfallen oder unter Brettern fangen: mit Bier gefüllten Schälchen, im Boden eingelassen, Brettern, die täglich umgedreht und von denen Nacktschnecken mit einem alten Messer in kochendes Wasser »geschabt« werden. Man kann sie mit Würstchenzangen absammeln, mit Schneckenzäunen fernhalten oder auch durch völlig ungiftige Präparate (z. B. Cohrs Schneckenstop) vernichten.

Eine weitere Möglichkeit ist die Schneckenbekämpfung durch Indische Laufenten.

Auf die verschiedenen Arten von Schneckenkorn sollten Sie nach Möglichkeit verzichten, da ihre Wirkstoffe teilweise recht giftig sind. Die Mittel sind also nicht harmlos, und ich halte ernste Schädigungen auch für Haustiere, Igel und Vögel, die mit Körnern oder verendenden Schnecken in Berührung kommen, für sehr wahrscheinlich. Die Vergiftungsgefahr für Kleinkinder liegt sowieso auf der Hand.

## Helfer, die keinen Lohn verlangen: die Nützlinge

**Schlupfwespen** legen Eier in den Körper des »Wirtes« (Kohlweißlingsraupen). Ihre Larven fressen die Raupen von innen her auf.

**Florfliegen,** hübsch grün mit durchsichtigen großen Flügeln, haben ausgesprochen häßliche Larven, »Blattlauslöwen«, die eine Unmenge von Blattläusen, Raupen, Larven von Blattwespen und Blattkäfern vertilgen.

Schlupfwespe.

**Schwebfliegen** sind neben Bienen und Hummeln wichtige Blütenbestäuber. Sie können mit rasend schnellen Flügelschlägen in der Luft »stehen«. Jede der blinden Maden frißt etwa 60 Blattläuse pro Tag!

**Raubwanzen** lauern auf fliegende Schadinsekten.

**Laufkäfer** jagen vor allem in den Abendstunden schädliche Bodeninsekten.

**Marienkäfer** und ihre stachligen oder warzigen Larven vertilgen Blatt- und Schildläuse in großen Mengen.

**Ohrwürmer** ernähren sich ebenfalls zum großen Teil von Blatt- und Schildläusen.

**Spinnen** (Netz- und Jagdspinnen verschiedener Arten) bringen Unmengen von Schadinsekten zur Strecke. Sie alle sind für Warmblüter völlig ungefährlich, ganz zu Unrecht gefürchtet und verabscheut.

**Weberknechte,** nah mit den Spinnen verwandt, fangen Milben und

Florfliege, Florfliegen-Larve und Eier.

Schwebefliege und Larve.

29

Regenwürmern gefällt es nur **in** der Erde.

Raubwanzen fressen auch Raupen.

kleine Kerfe, nehmen Nackt- und Gehäuseschnecken.

**Regenwürmer** verspeisen auch kranke Pflanzenteile, die im Regenwurmdarm zu Humus werden.

**Igel und Spitzmäuse** stopfen zahllose Insektenlarven, Asseln, Raupen und Schnecken in sich hinein.

**Kröten und Frösche** ernähren sich von Schnecken und Insekten, sind aber leider selten geworden und kaum künstlich anzusiedeln. Man kann nur geeignete Bedingungen schaffen (am günstigsten naturge-

mäße Gartenteiche) und abwarten.

**Fledermäuse** haben leider durch Insektizide, die ihre Futtertiere vergiften, und durch fehlende Nistmöglichkeiten stark abgenommen. Sie fangen nächtlich fliegende Schadinsekten (saugen kein Blut und reißen keine Haare aus). Wo sie noch vorkommen, lassen sich baumbewohnende Arten mit viel Geduld in künstlichen Fledermaushöhlen oder hohlen Bäumen ansiedeln. Es kann aber mehr als ein Jahr dauern, bis es so weit ist.

Raubwanze und Raupe.

Marienkäferlarve auf Blattlausjagd.

Rotkehlchen leben in naturgemäßen Gärten.

**Singvögel** sind die bekanntesten Helfer bei der Schädlingsbekämpfung. Durch Pflanzen von Schutz- und Nährgehölzen, Anbringen von Nistkästen und anderen Nisthilfen, Aufstellen von flachen, stets sauber gefüllten Vogeltränken und sachgemäße Winterfütterung fördern Sie die Ansiedlung gerade insektenfressender Vogelarten. Genaue Auskünfte über diese Nützlinge geben Ihnen Naturschutz- und Vogelschutzverbände.

Spitzmäuse sind Nützlinge, keine Mäuse!

# Pflanzenschutz

## Wenn Sie doch einmal eingreifen müssen

Ein Massenbefall von Schädlingen und Krankheiten – wie bei Monokulturen üblich – ist im Garten wegen der meist vorhandenen Artenvielfalt (Blumen, Gemüse, Obst usw.) äußerst selten. Außerdem sind wir im eigenen Gemüsegarten nicht unbedingt auf Höchsterträge angewiesen. Aus den vorgenannten Gründen kann man im Hausgarten sicher ohne chemisch-synthetische Pflanzenschutzmittel auskommen. Falls Sie doch nicht darauf verzichten wollen, erkundigen Sie sich bitte im Fachhandel nach entsprechenden Mitteln. Diese müssen für die betreffende Kultur amtlich zugelassen sein (Zulassungen ändern sich fast täglich – wegen strenger Umwelt- und Gesundheitsauflagen sowie im Rahmen des EG-Binnenmarkts). Die vorgeschriebenen Wartezeiten (von der letzten Anwendung bis zur Ernte) müssen genau eingehalten werden, um sich nicht zu schaden. Aufschriften auf Packungen und Beipackzetteln immer genau durchlesen.

Ungut sind die »bequemen« kombinierten Mittel gegen Schadinsekten (leider auch gegen Nützlinge) und Pilzkrankheiten, die es oft in Spraydosen gibt, um alles noch verlockender zu machen. Da wundert man sich, warum die Rosen plötzlich so dick voller Blattläuse sitzen, denn beim häufigen Spritzen gegen Mehl-

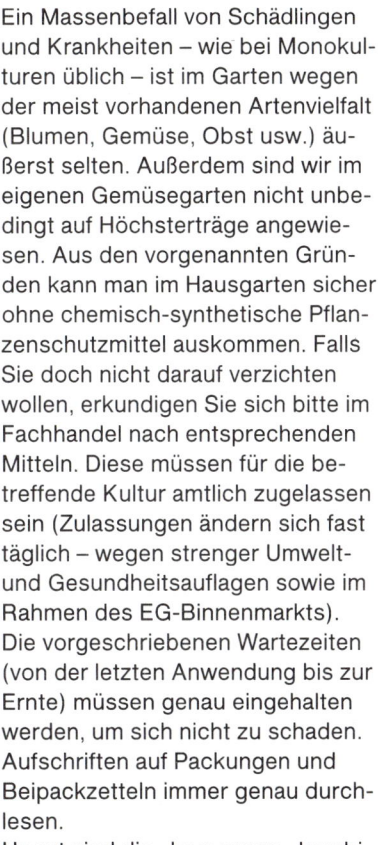

# Pflanzenschutz

tau und Sternrußtau wurden ungewollt alle blattlausvertilgenden Nützlinge vernichtet – die übriggebliebenen Blattläuse vermehrten sich ungehindert und sprachen auf Bekämpfung nicht mehr an!

Auch ohne »Chemie« bleiben eine ganze Reihe von Möglichkeiten, um vorbeugen und im Notfall gezielt eingreifen zu können. Eine sehr gute, nützlingsschonende Wirkung gegen **Blattläuse, Weiße Fliege und Rote Spinne** besitzt Neudosan – ein Mittel auf Schmierseifenbasis. Spritzpulver aus *Bacillus thuringiensis* wirken spezifisch gegen **Raupen und Gespinstmotten.** Das Streumittel Etermut – aus Naturmineralien und Kräutern – schützt vor Möhren-, Zwiebel-, Kohl- und anderen Gemüsefliegen. Zur Erhöhung der Widerstandsfähigkeit von Tomaten und Kartoffeln gegen Krautfäule gibt es die Mittel Neudo-Vital oder Cohrs Tomatenpflege. Weitere Präparate zur Vorbeugung und Behandlung bei Pilzkrankheiten sind Bio-S, Equisan, Ecomin sowie Neudorffs BioBlatt-Mehltaumittel. Zur Bekämpfung von Trauermücken, Weißer Fliege und Gemüsefliegen gibt es gelbe Insektenleimfolien, gegen Thripse blaue. Als vorbeugende Maßnahme gegen alle Arten von Gemüsefliegen (z. T. auch gegen Blattläuse) haben sich in den letzten Jahren sogenannte Kulturschutznetze bewährt.

Sie werden wie Vlies oder Folie über die Beete gelegt; die Ränder müssen dicht mit dem Boden abschließen. Die Schädlinge passen nicht durch die feinen Kunststoffmaschen und können so keinen Schaden am Gemüse anrichten.

Haben Sie Schädlingsprobleme in Ihrem Gewächshaus, so können Sie diesen mit dem Einsatz von Nützlingen Herr werden. Diese Methode ist mittlerweile auch im Erwerbsanbau stark verbreitet, da sie Mensch und Pflanze schont, und die Ernte jederzeit möglich ist. Voraussetzungen sind ein noch nicht zu starker Schädlingsbefall (viele Nützlinge können und sollten sogar vorbeugend eingesetzt werden), eine Durchschnittstemperatur von über 16 °C sowie kein chemischer Pflanzenschutz vor und während des Einsatzes. Die wichtigsten Nützlinge, die bei Spezialfirmen bestellt und per Post geliefert werden, sind Schlupfwespen gegen Weiße Fliege, Raubmilben gegen Rote Spinne, Florfliegen, Schlupfwespen und Räuberische Gallmücken gegen Blattläuse sowie Raubmilben gegen Thripse. Nähere Informationen erhalten Sie gerne bei den jeweiligen Firmen.

Manchmal kommt es zur sogenannten **Bodenmüdigkeit,** vor allem, wenn der Gemüsegarten sehr klein ist, nur wenige Arten angebaut werden, Mischkultur und Fruchtwechsel keine oder eine zu geringe Rolle spielen. Wenn dann trotz guter Pflege der Salat schon vor der Ernte fault, die Gurken welken,

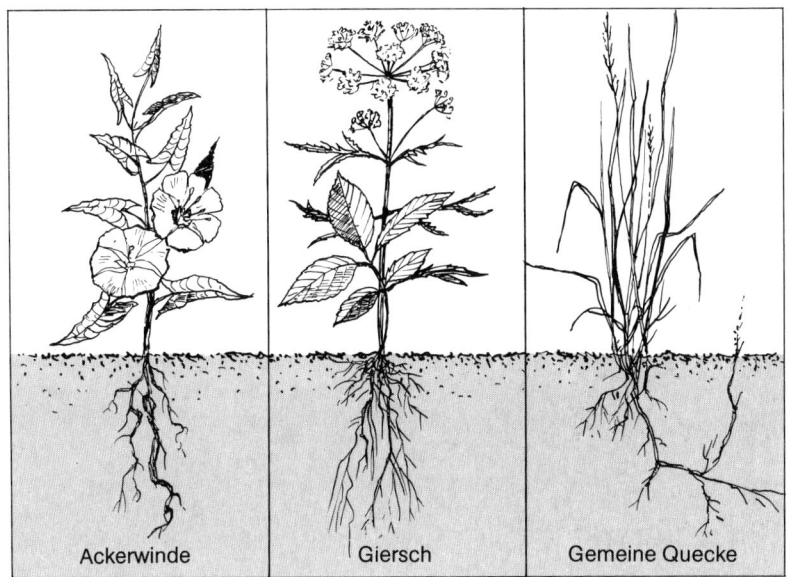

Ackerwinde | Giersch | Gemeine Quecke

braucht Ihr Boden Gründüngung, um sich selbst zu regenerieren. Am besten planen Sie in Ihrem Anbauplan immer ein Stückchen Gründüngung auf wechselnden Beeten mit ein.

**Unkraut** will niemand im Garten dulden, obwohl manche Heilpflanzen, schöne Wildblumen und wichtige Futterpflanzen darunter sind. Diese »Kräuter an der falschen Stelle« machen nun einmal dem Gemüse Platz und Nahrung streitig. Die Bekämpfung ist einfach – durch Folgekulturen, Mischkulturen, Mulch und Grünsaaten. Je lückenloser der Boden beschattet ist, desto weniger kann Unkraut hochkommen. Und Durchziehen mit der Hacke rückt ihm schon während der Keimung zu Leibe. Manche Unkräuter – Löwenzahn, Klette, Greiskraut und Gänsedistel – bringen mit Hilfe ihres tief- und weitreichenden Wurzelsystems Nährstoffe aus dem Unterboden herauf und sind deshalb wertvolle Kompostbeigaben. Wurzelunkräuter – Giersch, Quecke und Ackerwinde – sind hartnäckig, wenn sie Fuß gefaßt haben. Aber auch mit ihnen ist ohne Gifte fertigzuwerden.

**Herbizide** (Unkrautbekämpfungsmittel) haben im Hausgarten nichts verloren. Es ist sogar für Fachleute nicht ganz einfach, sie richtig einzusetzen, auch das Bodenleben wird immer schwer beeinträchtigt. Auch von Düngern mit Herbizidzusatz (oft nur als UV = Unkrautvernichter gekennzeichnet) rate ich ab.

# Glas, Vlies und Folie

## Vom Vlies bis zum Gewächshaus

Für Gemüsearten aus wärmeren Gebieten der Erde, also Gurken, Paprika, Tomaten, Bohnen, fördern Schutzvorrichtungen, im Frühjahr oder den ganzen Sommer über angewendet, das Wachstum: Vliese, Flachfolien, Folientunnel, Frühbeete, Kleingewächshäuser.

**Glas** ist durchlässig für alle Lichtstrahlen, die Assimilation und Wachstum fördern. Unter Glas erwärmt sich die Luft so rasch, daß bei Sonne und klarem Wetter viel gelüftet werden muß, damit es nicht zu Hitzeschäden und Verbrennungen kommt. Verschmutztes Glas kann abgewaschen werden, ist dann wieder voll lichtdurchlässig und hält bei vorsichtiger Behandlung fast unbegrenzt.

**PE-Folie** (Polyäthylenfolie) ist fast ebenso lichtdurchlässig. Durch ultraviolette Strahlen (UV-Strahlen), im natürlichen Licht enthalten, wird sie auf die Dauer brüchig. Unter Folie steigen die Temperaturen weniger rasch, die Feuchtigkeit hält sich besser, es kommt nicht so leicht zu Verbrennungen. Lüften bei hellem Wetter ist aber auch hier nötig. Gealterte Folie läßt weniger Licht durch, auch wenn sie sauber gehalten wird, und muß nach einigen Jahren durch neues Material ersetzt werden. Gute UV-stabilisierte Folie hat eine Lebensdauer von mindestens vier Jahren. Wird sie nach Gebrauch gesäubert und dunkel aufbewahrt, (Flachfolien, Tunnel) hält sie länger.

Auch andere Materialien werden inzwischen im Gartenbau für Schutzvorrichtungen verwendet: Makrolon und Plexiglas beispielsweise. Stegdoppelplatten aus Plexiglas und Makrolon bilden die »Außenhaut« besonders hochwertiger Hobby-Gewächshäuser, Plexiglas ist in Form von haltbaren Frühbeetabdeckungen im Handel.

**Flachfolien** haben sich seit Jahren bewährt, sie schützen Saaten und junge Pflanzen. Neben Folien mit Löchern (meist 500 Löcher von 10 mm Durchmesser/m$^2$) gibt es die »mitwachsende« Schlitzfolie. Die

»Wachsende« Folie läßt Gemüse gedeihen.

# Glas, Vlies und Folie

Bahnen werden über Saaten oder Jungpflanzen gebreitet, mit Folienhaltern befestigt oder an einer Längsseite eingegraben, an den Schmalseiten und der anderen Längsseite mit Ziegelsteinen und Latten beschwert. So können Sie die Folie zum Jäten und Durchziehen anheben.

In ihrer Bedeutung fast schon überholt wurden die Flachfolien inzwischen von den Vliesen, feinen Geweben aus einem Polypropylenfaden. Sie sind wesentlich leichter als Folien (keine Windflatter-Schäden) und absolut luft- und wasserdurchlässig. Verbrennungen wie unter Folie sind kaum möglich, da unter Vlies ein relativ ausgeglichenes Klima herrscht. Flachfolien und Vliese (auch in Kombination zu verwenden = Doppelabdeckung, 500-Loch-Folie über Vlies) ermöglichen um ein bis zwei Wochen frühere Ernten.

> **Wichtig:** Vlies bzw. Folie immer nur bei trübem Wetter abnehmen, damit die Pflanzen sich langsam an volles Licht gewöhnen können und es keine Verbrennungen gibt.

Unter schwarzer Mulchfolie (auch mit Schlitzen erhältlich), Mulchpapier oder Mulchvlies erwärmt sich die Erde besser, bleibt länger feucht, und es kommt kein Unkraut hoch: Schnecken fühlen sich unter diesen Mulchmaterialien leider oft recht wohl. Notfalls können Sie unter Papier, Folie oder Vlies etwas Schneckenkorn verteilen, weil es hier weder Nützlinge noch Haustiere gefährdet.

**Schattierfolie,** meist weiß gefärbt und geschlitzt, schützt Saaten und Pflanzen gegen zu große Hitze. Hier keimen Sommersaaten lückenlos, Pflänzchen entwickeln sich rasch und kräftig. Kopfsalat schießt nicht so rasch, wenn er in Hitzeperioden mit der Folie bedeckt wird.

Über Winterkulturen gebreitet, kann Schattierfolie oder Wintervlies bei fehlendem Schnee den oft tödlichen Wechsel zwischen Frost und starker Sonnenbestrahlung mildern.

**Folientunnel** eignen sich wie Frühbeete vor allem für Gärten in Hausnähe, weil sie regelmäßige Betreuung (Lüften – Schließen) brauchen. Sie sind ohne Schwierigkeiten auf- und abzubauen und können zusammengelegt aufbewahrt werden. Es gibt viele gute Modelle, z. B. den

Lüften beim Folientunnel.

So sieht ein selbstgebautes Frühbeet aus.

Praktisch: selbstlüftende Frühbeetfenster.

doppelwandigen Thermo-Tunnel von Beckmann, den selbstlüftenden, 60 cm hohen fabro-Tunnel und die Tunnel von Schumm und Plantina.

**Frühbeete** finden selbst im kleinsten Garten und sogar auf Balkon und Terrasse noch einen Platz, denn es gibt sie in vielen Größen. Wichtig ist gute Belichtung. Im Frühbeet kann schon sehr früh und noch spät im Jahr gepflanzt und gesät werden, vor allem, wenn es entsprechend ausgerüstet ist. Während des Sommers gedeihen wärmeliebende Kulturen wie Gurken, Paprika, Melonen und auch Tomaten dort besonders gut, wenn Sie die Fenster hochlegen können. Es gibt eine Reihe verschiedener Modelle im Handel, mit thermostatischer Heizung (z. B. Krieger Balkonfrühbeet) oder besonderer Isolierung und automatischer Lüftung der Fenster (z. B. Frühbeet von Beckmann).

Wenn Sie ein bißchen handwerkliches Geschick und die nötige Zeit haben, können Sie Ihr Frühbeet auch selbst bauen – dann am besten gleich 4 m lang und 1,50 m breit, wie es den Maßen von vier Frühbeetfenstern entspricht. Der größere Luftraum hat den Vorteil geringerer Temperaturschwankungen.

Sie brauchen dazu 3 cm starke, 30 cm breite, 4 m lange Bretter und

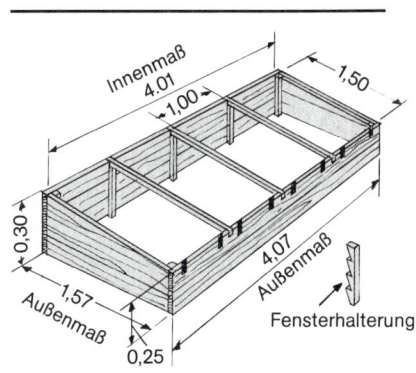

Fensterhalterung

# Glas, Vlies und Folie

60 cm lange Eckklötze vom Durchmesser 6 × 6 cm, die mit pflanzenunschädlichen Imprägnierungsmitteln behandelt werden müssen. Angegebene Wartezeiten bis zum Einfüllen der Erde, zu Saat oder Pflanzung unbedingt einhalten! Die notwendigen Fensterhalter und sogenannten Kastenzangen aus Metall zum Zusammenhalten der Bretter und Auflegen der Fenster gibt es fertig im Handel. Ansonsten können Sie sich mit (imprägnierten!) Holzlatten und Holzklötzchen selbst helfen (siehe Zeichnung).

**Frühbeetfenster** sollten Sie kaufen. Sie bekommen sie im Fachhandel, auch die teureren, aber bewährten selbstlüftenden Richterfenster. Fertige Frühbeetmodelle werden immer mit Fenstern geliefert.

**Kleingewächshäuser** sind nicht billig, und Gemüse können Sie natürlich auch »ohne« heranziehen. Trotzdem – wenn Sie es sich leisten

Unter hochgelegten Frühbeetfenstern bleibt Tomatenlaub trocken und gesund.

können, haben Sie viele Vorteile: bequemes Arbeiten auch bei schlechtem Wetter, gute Platzausnutzung, Ausdehnung der Kulturzeit vom frühen Frühjahr bis in den späten Herbst. Durch Isolierung, z.B. Luftpolsterfolie, die während des Winters angebracht ist, Stegdoppelplatten, mit denen das Haus von vornherein ausgestattet sein muß, Styropor-Verkleidungen an Stehwänden, nächtliches Abdecken der Kulturen mit Zeitungslagen, der im Gewächshaus aufgestellten Balkonfrühbeete mit Decken und durch zusätzliche Wärme, z.B. thermostatisch gesteuerte elektrische Heizlüfter, Spezial-Brikettöfen, Beta-Solar mit Sonnenenergie, können Sie die Erntezeit mehr oder weniger verlängern.

Ausreichende Feuchtigkeit mit Gießen am Vormittag ist im Winter besonders wichtig – »Erfrieren« ist oft »Vertrocknen«!

Fast alle Kleingewächshäuser sind mit praktischen, allein durch Sonnenwärme betriebenen automatischen Lüftungen zu haben. Das Gerüst sollte feuerverzinkt oder aus Aluminium sein, weil diese Materialien am besten halten und Sie nie entrosten oder streichen müssen. Ob Sie ein Folienhaus wählen, das weniger kostet, dessen »Haut« aber nach einigen Jahren erneuert werden muß, oder ein kostspieligeres Haus mit Glas oder Kunststoff-Stegdoppelplatten bleibt Ihnen überlassen.

**Gurken, Paprika, Tomaten** und **Bohnen** sollen vor dem ersten Nachtfrost abgeerntet sein, wenn sie nicht durch Vlies oder Folie geschützt werden können, weil sie sonst nicht mehr verwendbar sind. Ende Oktober beginnt die Ernte der Lagergemüse mit **Rettichen, Roten Rüben, Möhren und Sellerie,** die in erdgefüllten Kisten – Torf hat sich bei uns weniger bewährt – in einem kühlen, frostfreien Raum (+5 °C bis +10 °C) untergebracht werden. **Herbstkohlrabi** »pflanzt« man in sandige Erde, nur die großen Blätter vorher entfernen. Sie können auch draußen in eine Eternit-Truhe oder ins Frühbeet einlagern oder in eine **Erdmiete.** Dazu muß der Boden 30 cm tief und etwa 80 bis 100 cm breit ausgehoben werden, in einer Länge, die der Menge des einzubringenden Gemüses entspricht. Hier legt man nun zu unterst die Kohlköpfe, darüber je eine Schicht Möhren, Winterrettiche und anderes. Darüber kommt eine dicke Schicht kurzes Stroh und obenauf der Erdaushub. An frostfreien Tagen kann der Bedarf für drei bis vier Wochen entnommen werden.

Zur Lagerung eignet sich nur Gemüse ohne Verletzungen, Faulstellen oder Fraßgänge. Beschädigtes Gemüse wird ausgeschnitten und sobald wie möglich verbraucht.

**Schwarzwurzeln, Winterporree, Rosenkohl** und **Winterwirsing** bleiben möglichst lange, wenigstens bis November, an Ort und Stelle, weil sie sich so am besten halten. Danach herausnehmen, in Hausnähe an schattiger Stelle (Nordseite) in lockerer Erde einschlagen (behelfsmäßig einpflanzen) und mit Stroh abdecken. So können Sie fast den ganzen Winter über den Bedarf für die Küche hereinholen. **Winterkohl** (Grünkohl) bleibt im Garten, er schmeckt erst richtig, wenn er tüchtig durchgefroren ist. Weitere Angaben über Lagerung finden Sie bei den einzelnen Gemüsearten ab Seite 53.

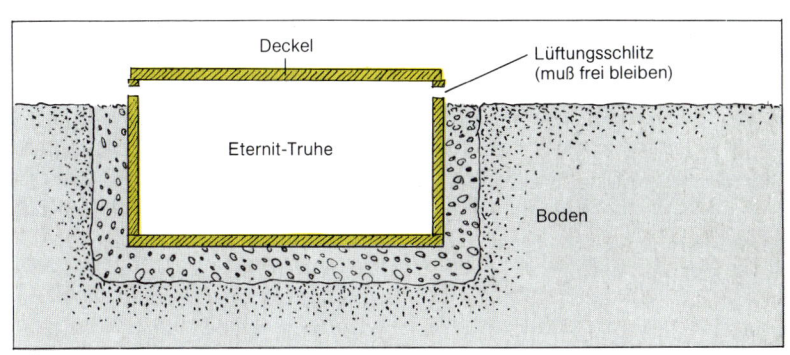

Deckel

Lüftungsschlitz (muß frei bleiben)

Eternit-Truhe

Boden

# Vom Samen zur Pflanze

## Vorbereitung zur Aussaat

**Gesundes, keimfähiges Saatgut** ist Voraussetzung für gesunde Pflanzen und gute Ernten. Sie bekommen es in jedem Fachgeschäft, oft in Keimschutzpackungen. Einige Samenfirmen versehen darüber hinaus seit einiger Zeit alle Samentüten mit dem Aufdruck »haltbar bis …«. Werden solche genauen Angaben nicht gemacht, kaufen Sie keine Vorräte ein und schreiben das Einkaufsjahr auf die Tüte: für den Fall, daß ein Rest bleibt. Schon nach einem Jahr sind die Keimprozente oft schlechter!

**Preise für Samen** der gleichen Gemüseart können je nach Sorte recht unterschiedlich sein. »Geschütztes Saatgut« (G. S.) oder »Hybridsaatgut« ($F_1$) sind teurer, weil der züchterische Aufwand erheblich ist. Für den Verbraucher haben diese Sorten oft den Vorteil, ertragreicher oder widerstandsfähiger zu sein. Freilich gibt es auch gute alte Sorten, die sich durch Widerstandsfähigkeit gegen ungünstige Witterung und durch hohe Erträge auszeichnen, deshalb erhalten werden und hoffentlich erhalten bleiben. Als Beispiel nenne ich die Buschbohnensorte 'Saxa' mit gelbbraunem Korn und den besonders aromatischen, hitzebeständigen Sommersalat 'Grazer Krauthäuptel', den es leider nur in Österreich gibt.

Samen bekommen Sie nicht nur in Portionstüten, sondern auch in Form von Saatbändern, Samenteppichen und pilliertem Saatgut.

**Saatbänder und Samenteppiche** bestehen aus leicht verrottbarer Papiermasse, die Samenkörner sind im richtigen Abstand eingebettet, so daß später nicht verzogen zu werden braucht. Gebrauchsanweisung beachten!

**Pilliertes Saatgut** gibt es vor allem von sehr feinen Samen, z. B. von Möhren. Sie werden einzeln mit einer luft- und wasserdurchlässigen Hüllmasse umgeben (pilliert) und lassen sich dadurch gleichmäßig aussäen. Verziehen erübrigt sich. Gut andrücken und bis zur Keimung gleichmäßig feuchthalten.

**Saatbäder (Samenbeize)** werden zur Vorbeugung gegen Schädlingsbefall und Pilzkrankheiten sowie zur Förderung der Keimung empfohlen. 1–2 cm³ Kräuterextrakt in 1 Liter Wasser rühren, bis es gut vermischt ist. Nach 24 Stunden (in dieser Zeit ab und zu umrühren) das Saatgut in einem Stoffsäcklein 10–15 Minuten in die Lösung hängen. Dann den Samen an einem schattigen Ort zum Trocknen ausbreiten und am selben oder nächsten Tag säen. Gute Erfolge zeigen folgende Saatbäder: Kamillentee oder -extrakt bei Erbsen, Bohnen, Rettich und Radieschen; Baldrianblütenextrakt bei Sellerie, Tomaten, Zwiebeln, Lauch und Kartoffeln. Das Mittel Bio-S kann bei allen Gemüsearten als Saatbad (in 1%iger Lösung) verwendet werden. Sie können aber

# Vom Samen zur Pflanze

Im heizbaren Balkonfrühbeet wachsen schon früh Jungpflanzen und fertige Gemüse heran.

auch das Pulver zusammen mit dem Saatgut in ein Schraubglas füllen und kräftig schütteln. Danach alles vorsichtig in ein Sieb geben. Das überschüssige Pulver kann wieder verwendet werden.

### Anzuchtgefäße

Für die Saat auf der Fensterbank, unter Glas und Folie, brauchen Sie Saatschalen aus Plastik oder Ton, für größere Samen auch Quickpotplatten und ähnliches, Töpfchen aus Altpapier, Ton, Plastikmaterial oder Joghurtbecher, deren Boden Sie mit einem kleinen Loch versehen müssen. Wer nicht darauf achtet, erlebt beim Gießen unangenehme Überraschungen: das Wasser läuft nach allen Seiten und schwemmt Erde aus dem Topf statt zu versikkern und die Wurzeln zu tränken.

Für die Fensterbank sind sogenannte Anzuchtsets besonders praktisch. Plantpak beispielsweise besteht aus zwei Schalen mit Wasserabzugslöchern im Boden, zwei Platten aus je 24 zusammenhängen-

Verschiedene Anzuchtgefäße.

# Vom Samen zur Pflanze

den viereckigen Plastiktöpfchen, zwei genau passenden Untersetzern (Wasserauffangschalen) und zwei Klarsicht-Abdeckhauben. In alle diese Gefäße können Sie säen und pikieren.

**Zusatzbelichtung:** Bei Anzucht auf der Fensterbank ist besonders im frühen Frühjahr und bei trübem Wetter Zusatzbelichtung angebracht. Geeignete Leuchtstofflampen mit geringem Stromverbrauch sind z. B. Osram Lumilux, Sylvania Dreibanden-Leuchtstofflampe und Philips TL Super, Aufhängung an Ketten, um die Höhe mit fortschreitendem Wachstum in 30–50 cm Abstand über den Pflanzenspitzen halten zu können.

Mit einfachen Hilfsmitteln können Gemüsepflanzen auch auf der Fensterbank herangezogen werden.

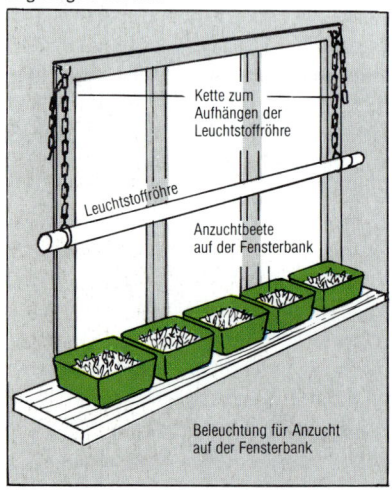

Kette zum Aufhängen der Leuchtstoffröhre

Leuchtstoffröhre

Anzuchtbeete auf der Fensterbank

Beleuchtung für Anzucht auf der Fensterbank

### Erde für Jungpflanzen

Für die Anzucht im Gefäß ziehe ich abgepackte Marken-Fertigerden wie Frux Aussaaterde, Plantahum oder TKS 1 der eigenen Komposterde vor. Sie sind keimfrei – besonders wichtig für Pflanzen, die unter künstlichen Bedingungen groß werden. Ausgezeichnet ist auch »Aldingers Komposterde aus Heilpflanzen«.

### Vorbereitung der Gefäße

Gefäße füllen Sie bis oben mit dem Substrat, setzen einmal kräftig auf und drücken rundum an den Rändern mit steil aufgesetzten Fingerspitzen an. Auf der Fläche, ebenfalls mit den Fingerspitzen, in größeren Abständen etwas leichter andrükken. Nun setzen Sie noch einmal fest auf, füllen Erde nach, wenn nötig, und streichen zum Schluß die Oberfläche ohne Druck mit der Hand oder einem Brettchen glatt.

**Topfplatten** füllt man im ganzen, setzt fest auf und prüft vor dem Einbringen von Samen oder Pflanzen, ob jedes Töpfchen genug Erde hat.

> Das Substrat darf nie bis zum Gefäßrand reichen, ein Gießrand von 0,5 cm muß bleiben.

### Etikettierung

Damit Sie später noch wissen, was Sie wann gesät haben, notieren Sie das Datum der Saat, Gemüseart und -sorte mit wetterfestem Stift auf Etiketten (beides im Fachgeschäft).

# Vom Samen zur Pflanze

Die Etiketten werden in die Erde gesteckt, später vermerken Sie darauf auch Pikier- und Pflanzdatum.

## Vorbereitung der Beete

Für Saat oder Pflanzung draußen arbeitet man Beet oder Frühbeet mit Krail oder Grubber durch und recht dann so ab, daß eine ebene Fläche entsteht. Kompost, Rinden-/Holzfasersubstrate oder Torf können aufgebracht und flach mit eingekrailt werden. Holzfasersubstrate oder Torf (Seite 20) sind hier zu empfeh-

len, weil sie zur Bildung eines guten Wurzelballens beitragen, der zusammenhält, sich leicht pflanzen läßt und dem jungen Gemüse den Start erleichtert. Grunddüngung vor dem Abrechen gleichmäßig ausstreuen. **Trockene Beete gießen Sie bitte am Vortag,** notfalls einige Stunden vor Saat oder Pflanzung, damit das Wasser einziehen und die Krume durchfeuchten kann. Wird **nur** nach der Bestellung gegossen, besteht die Gefahr der »Verschwemmung«.

Richtiges Graben mit dem Spaten.

Der Krail ist das Richtige zum Einebnen.

43

# Vom Samen zur Pflanze

Gleichmäßiges Säen will geübt sein.

So drückt man den Samen an ...

und so wird er mit Erde bedeckt.

## Die Aussaat

Vor der Saat soll der Boden sich schon »gesetzt« haben, damit die Samen nicht versinken, sondern fest liegen und die zur Keimung nötige Feuchtigkeit sich besser hält. **Für die Saat** ziehen Sie Rillen im richtigen Abstand und so tief, wie bei den einzelnen Kulturen angegeben mit dem Reihenzieher oder neben der ausgespannten Schnur mit dem Rechenstiel.

> **Als Faustregel gilt:** Samen etwa zweimal so hoch mit Erde bedecken, wie sie dick sind.

Sie sollen in der Rille nicht zu dicht liegen, auf der Fläche (breitwürfige Saat) nach allen Seiten etwas Raum haben. Für feine Sämereien genügen 3–4 mm Abstand, für größere muß es entsprechend mehr sein. In Töpfchen legt man jeweils 2–3 Samen und läßt später das kräftigste Pflänzchen stehen, wenn nichts anderes angegeben ist. Der Abstand von Samen zu Samen ist auch hier wichtig.

Zur Arbeitserleichterung gibt es verschiedene **Sägeräte** im Handel. Neben dem R + S Einzelkorn-Sägerät und der Wolf-Särolle möchte ich die handliche einreihige Sembdner-Sämaschine empfehlen, mit der sich auf Beeten und im Frühbeet sehr rasch und genau arbeiten läßt. Alle genannten Geräte sind für verschiedene Korngrößen einstellbar.

# Vom Samen zur Pflanze

**Nach der Saat** Erde leicht andrükken – im Gefäß mit einem Brettchen, draußen mit dem umgedrehten Rechen – vorsichtig mit Erde abdecken und angießen. Bis die ersten Blättchen zu sehen sind, muß der Boden feucht gehalten werden, aber nicht naß. Also nicht schematisch gießen!

**Nach der Keimung** Gefäße sehr hell stellen und Wassergaben so aufmerksam und sorgsam dosieren, daß nichts fault oder vertrocknet.

Vorsicht – die Pflänzchen nicht verletzen!

**Folgesaaten oder Folgesätze** bewirken, daß Saaten und Pflanzungen der gleichen Gemüseart in mehrwöchigem Abstand Ernten über einen langen Zeitraum ermöglichen, ohne daß etwas überständig wird.

## Pikieren und Verziehen

Ist das erste richtige Blattpaar nach den Keimblättern ausgewachsen, muß pikiert (auseinandergepflanzt) oder verzogen (zu dicht stehendes entfernt) werden. Pflanzen brauchen Platz, um sich gut entwickeln zu können.

Pikierte Sämlinge sollen je nach Größe 3–4 cm voneinander entfernt stehen, verzogen wird gleich auf den endgültigen Abstand. Trockene Erde mindestens zwei Stunden vorher und auch nach beendeter Arbeit gießen.

Pflanzloch stechen.

**Vor dem Pikieren** Pflänzchen mit Pikierholz oder Finger von der Seite

Anschließend Jungpflanzen pikieren.

# Vom Samen zur Pflanze

und von unten her lockern, vorsichtig aus dem Gefäß nehmen, damit die Wurzeln nicht beschädigt werden und einen kleinen Erdballen behalten. Kümmerliche, beschädigte oder kranke Pflanzen mit Verdickungen oder schwarzen Stellen am Wurzelhals nicht verwenden. Sie gehören in den Mülleimer, nicht auf den Kompost.

**Das Pflanzloch für den Sämling** muß so tief sein, daß er bis zu den Keimblättern hineinpaßt und die Wurzeln senkrecht ausgestreckt darin Platz finden. Notfalls können sie ein wenig eingekürzt werden. Die Erde wird, von unten beginnend, vorsichtig an die Wurzeln gedrückt. So bekommt die junge Pflanze Halt und sitzt weder zu locker noch zu fest. Zum Schluß überbrausen und in den ersten Tagen nach dem Pikieren leicht schattieren, damit das Anwachsen schneller geht. Feuchthalten nicht vergessen!

**Beim Verziehen** werden überzählige Pflänzchen herausgezogen, in Gefäßen oft auch mit Fingernägeln oder Schere direkt über der Erde abgezwickt. Danach gießen nicht vergessen!

## Das Pflanzen

Jungpflanzen sollen gesund und kräftig sein, gedrungen gewachsen, fleckenlose Blätter besitzen sowie einen Wurzelhals ohne Verdickungen und Verfärbungen und helle

Zum Pflanzen brauchen Sie ein Pflanzholz.

Wurzeln. Wenn sie schon länger bei wenig Platz und Nahrung im Anzuchtgefäß oder auf dem Anzuchtbeet aushalten mußten, sind sie meist verholzt sowie von geringer Wuchskraft und bringen schlechte Erträge – sie sind »überständig«. Auch Sie werden diese Dinge sehen lernen.

### Abhärten

Pflanzen aus wärmeren Klimagebieten zieht man möglichst bei Temperaturen heran, die ihnen entsprechen. Vor der Pflanzung nach draußen müssen sie langsam an kühlere Luft und stärkeres Licht gewöhnt werden: durch ausgiebiges Lüften, zeitweises Abnehmen der Frühbeetfenster tagsüber und Aufstellen von Gefäßen im Freien. In den ersten Tagen sind Windschutz und Halbschatten vor allem für Pflanzen aus Haus oder Gewächshaus wichtig. Daß man nicht bei frostigem

# Vom Samen zur Pflanze

Gleich sitzt der Salat richtig im Boden.

Die Handspanne ist ein praktisches Maß.

Wetter oder kaltem Regen mit der Abhärtung beginnen kann, ist Ihnen sicher klar.

### Pflanzen
Beim Pflanzen arbeitet man mit dem Pflanzholz und weiteren Abständen, ansonsten wie beim Pikieren beschrieben. Die Pflanzabstände werden für die einzelnen Gemüsearten genau angegeben (ab Seite 53).

**Beispiel:** 50 × 40 cm bedeutet, daß die Reihen 50 cm, die Pflanzen in der Reihe 40 cm voneinander entfernt sein müssen.

### Schattieren
Unmittelbar nach Pikieren oder Verpflanzen, aber auch bei Sommersaaten in Schönwetterperioden hilft leichter Schatten zu rascherem Anwachsen und besserer Keimung. Schattierfolie oder Schattenleinen können für Anzuchtbeete über

Sehr wichtig: das Angießen.

leichte Holzrahmen gelegt und so befestigt werden, daß sie bei Wind nicht wegrutschen. Sie »schattieren«, in Abständen mit Holzlatten beschwert, auch Frühbeetfenster, genau wie gleichmäßig verteilte Mehlbreikleckse (Mehl mit kaltem Wasser verrührt). Für Saatschalen eignet sich passend zugeschnittene Schattierfolie.

# Handgriffe und Geräte

Pflanze, Topf und Erde sind bereit ...

Den Gießrand nicht vergessen!

... Erde wird um die Pflanze gefüllt.

Richtiges Austopfen alter Pflanzen.

**Eintopfen:** Halten Sie die Pflanzen mit der linken Hand in die Mitte der oberen Topföffnung, so daß der Wurzelansatz sich reichlich 1 cm unterhalb des Topfrandes befindet. Mit der rechten Hand von den Seiten her Erde einfüllen, den Topf ein- oder zweimal fest aufsetzen, damit sie zusammenrutscht, rundum andrücken wie bei »Vorbereitung der Gefäße« (Seite 42) beschrieben.

**Umtopfen:** In kleinen Töpfchen oder Joghurtbechern vorgezogene Gemüsepflanzen brauchen ein größeres Gefäß, in dem sie bleiben können, wenn sie nicht aufs Beet gesetzt werden.
Zuerst muß der feuchte Topfballen durch kräftiges Aufsetzen, bei Topfplatten durch Lockern von den Seiten her mit Hölzchen oder Fingern, gelöst werden. Die rechte Hand

# Handgriffe und Geräte

greift nun über die oberen Topfränder und stützt die Pflanze zwischen Zeige- und Mittelfinger, während die linke das umgedrehte Gefäß hält und den Ballen aus dem Topf in die rechte Hand gleiten läßt.

Umsetzen in größeren Topf, Schale oder Eimer im Prinzip wie bei »Eintopfen« beschrieben.

**Graben:** Am besten mit Spaten oder in nicht zu schweren Böden von guter (Krümel-)Struktur mit der Grabgabel. Grobscholliges Graben

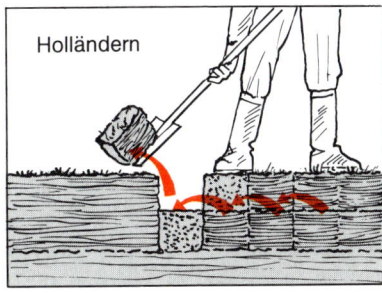

Holländern

mit Wenden der Scholle und Holländern zeigt die Schemazeichnung. Richtiges Lockern mit der Grabgabel ist auf Seite 50 beschrieben.

**Krailen und Abrechen:** Krail oder Grubber brauchen Sie, um im Herbst gegrabenes Land im Frühjahr einzuebnen. Später werden abgeerntete Beete mit diesen Geräten gelockert und eingeebnet. Die abschließende Feinarbeit geschieht mit dem Rechen (der Harke), mit dem Sie auch besäte Reihen andrücken und zurechen und breitwürfige Saat vorsichtig etwas einarbeiten können.

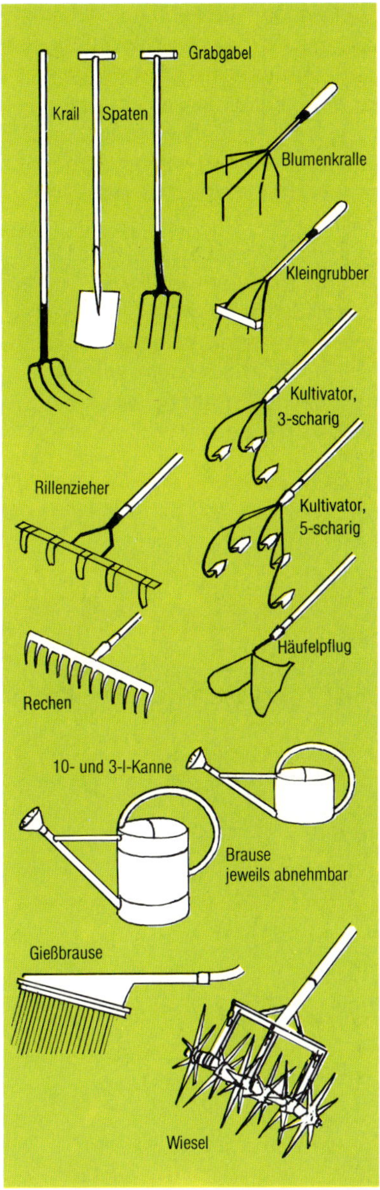

Krail   Spaten   Grabgabel

Blumenkralle

Kleingrubber

Kultivator, 3-scharig

Rillenzieher

Kultivator, 5-scharig

Häufelpflug

Rechen

10- und 3-l-Kanne

Brause jeweils abnehmbar

Gießbrause

Wiesel

# Handgriffe und Geräte

**Lockern und Jäten:** Diese Arbeiten lassen sich meist verbinden. Es gibt dafür praktische Geräte, Ziehhacken, die mühelos in einem Arbeitsgang Unkräuter abschneiden und Erde lockern. Bei warmem, trockenem Wetter verdorrt dann auch hartnäckiges Unkraut und wächst nicht wieder an.

Wurzelunkräuter allerdings – Giersch an schattigen, Quecke an sonnigen Stellen – sind zählebig. Aus jedem Wurzelstück kann wieder eine neue Pflanze werden – deshalb geht es nicht ohne einige

Lockern und Jäten lassen sich verbinden.

Mühe ab. Vom Kartoffelanbau war schon in diesem Zusammenhang die Rede. An sonnigen Stellen hilft auch Aussaat von Buchweizen Anfang Juni, der aber vor der Blüte geschnitten und als Mulch verwendet oder auf den Kompost gebracht werden muß. Buchweizen reichert auch in besonderem Maß Calcium an und schließt Phosphor auf.

**Markieren:** Zum Markieren von Saat- und Pflanzreihen brauchen Sie entweder eine Pflanzschnur und einen Gerätestiel oder einen beliebig verstellbaren Reihenzieher, den ich lieber mag, weil die Arbeit damit rascher von der Hand geht.

**Mulchen:** Darüber finden Sie Genaues auf Seite 18.

**Gießen:** Darüber finden Sie alles Wichtige auf Seite 21, hier geht es nur noch um die Gerätschaften. Für den Garten brauchen Sie eine 10-Liter-Kanne mit Brause, für Saaten und kleine Pflänzchen in Gefäßen eine Kanne mit 2–3 Liter Fassungsvermögen und sehr feiner Brause. Besonders stabil sind Schneider-Kannen aus verzinktem Blech. Plastik-Kannen sind leichter und billiger, aber weniger haltbar.

Wenn Sie oft mit dem Schlauch gießen, empfehle ich als Zusatz eine verstellbare Düse oder aufsteckbare Brause, weil »grobe« Bewässerung Pflanzen und Boden nicht bekommt. Empfindlichen Kulturen wie Gurken oder Paprika sollten Sie vorgewärmtes Wasser geben. Praktisch dafür: die Regentonne.

# Gemüsekulturen

# Blätter und Sprosse

## Kopfsalat, Häuptelsalat

Familie Korbblütler, Heimat wahrscheinlich Westasien. Keimdauer ca. 8 Tage. Entwicklungsdauer von Pflanzung bis Erntebeginn 5 bis 8 Wochen.

**Inhaltstoffe:** Vitamin C, Karotin, Mineralstoffe, Bitterstoffe, Zitronensäure.

**Verwendungstips:** Grüner Salat mit vielerlei Kräutern, etwas Zucker und verdünntem Zitronensaft, mit Kräuteressig oder Estragonessig angemacht schmeckt zu allen Fleisch- und salzigen Eierspeisen, aber auch zu Butterbrot oder belegten Broten. Aller grüner Salat hat extrem wenig Kalorien (Joule) und ist deshalb auch Übergewichtigen und Zuckerkranken erlaubt.

**Erde, Licht, Wärme, Wasser:** Kopfsalat braucht gepflegten Boden, volles Licht und genügend Feuchtigkeit ohne Nässe. Wird gegossen, sollen die Blätter nach Möglichkeit bis zum Abend abgetrocknet sein. Salat erträgt große Hitze schlecht, dafür kühle Temperaturen, entsprechende Sorten sogar leichten Nachtfrost.

Kopfsalat ist eigentlich eine Langtagpflanze, die blüht (schoßt), wenn es länger als 12 Stunden hell ist. Durch züchterische Bemühungen haben wir aber schon lang tagneutrale Sorten, die auch im Sommer Köpfe bilden.

**Düngung:** Kopfsalat reagiert mit »Verbrennungen« (braunen Flecken

Zart, appetitlich und frisch: der Kopfsalat.

an den Blättern) auf zu hohe Düngergaben. Grunddüngung 50 g/m², Kopfdüngung, nur nach starken Regenfällen, 20 g/m². Organisch-mineralische Grunddüngung 60–80 g/m², Kopfdüngung 20–40 g/m².

**Sortenwahl:** Sie wissen schon, daß es bei Kopfsalat entscheidend ist, die richtigen Sorten für den entsprechenden Anbautermin zu wählen.

**Erste Freilandpflanzung:** Anfang bis Ende April 'Victoria/Hilmar', 'Maikönig', 'Blondine', 'Reskia', 'Attraktion'.

**Frühsommerpflanzung:** Mitte bis Ende Mai 'Attraktion', 'Neckarriesen', 'Ovation', 'Mirena', 'Reskia', 'Mona', 'Merveille des Quatre Saisons' (rot).

**Sommerpflanzung:** Ende Mai bis Anfang Juli 'Ovation', 'Pirat', 'Neckarriesen', 'Soraya', 'Dolly', 'Kag-

# Gemüsekulturen

rauer Sommer', 'Merveille des Quatre Saisons'.

**Spätsommerpflanzung** (für den Herbst): Mitte Juli bis Mitte August 'Merkur', 'Neckarriesen', 'Mirena', 'Dolly', 'Clarion', 'Mona', 'Ovation', 'Karola', 'Merveille des Quatre Saisons'.

**Herbstpflanzung** (zur Überwinterung und frühen Frühjahrsernte): Ende September bis Anfang Oktober 'Maiwunder', 'Merveille des Quatre Saisons'. In rauhem Klima Erträge abhängig vom Verlauf des Winters! Unbedingt mit Vlies oder wachsender Folie abdecken!

**Saat, Pflanzung, Pflege:** Zur ersten Pflanzung lohnt es, kräftige Topfpflanzen zu kaufen. Ab Mitte April ist eigene Anzucht im Kasten oder auf dem Beet möglich. Innerhalb weniger Tage kann eine vierköpfige Familie kaum mehr als 20 Salatköpfe verbrauchen. Deshalb lieber alle 2 bis 3 Wochen einige wenige Samenkörner flach säen, feuchthalten, später verziehen oder pikieren und schließlich auspflanzen. Anzuchtdauer bei Aprilsaat 5 bis 6, später nur noch 4 Wochen. Wer genügend Platz hat, kann Sommersalat gleich an Ort und Stelle säen, nur auf den richtigen Abstand verziehen und nicht verpflanzen. Beim Pflanzen ist darauf zu achten, daß die Setzlinge nicht tiefer in den Boden kommen, als sie vorher standen, weil sonst keine richtigen Köpfe gebildet werden und die äußeren Blätter leicht faulen.

Abstand für Frühsalat 25 × 25 cm, für Sommersalat 30 × 25 cm. Halten Sie den Boden locker und gießen Sie so, daß die Blätter bis abends abgetrocknet sind.

**Abdeckung für Frühsalat:** Vliese oder Folien verfrühen die Ernte. Bei Anbau unterm Tunnel oder im Frühbeet ist ausreichendes Lüften bei hellem Wetter unbedingt nötig, denn Kopfsalat ist hitzeempfindlich und braucht viel frische Luft. Wer wenig Zeit dazu hat, deckt mit Vlies oder »wachsender« Folie ab. Sie können im Frühjahr bis zur Ernte auf dem Beet bleiben, wenn das Wetter nicht zu heiß wird. Wer nur einen Teil der Pflanzen abdeckt, kann dadurch die Ernte staffeln.

**Ernte:** Wir beginnen mit der Ernte immer schon, bevor der erste Kopf ganz fertig ist. Wer zu lang wartet, muß später manchmal geschoßte, bitter schmeckende Köpfe auf den Kompost bringen.

## Eissalat

Familie, Heimat, Keimdauer wie Kopfsalat. Entwicklungsdauer von Pflanzung bis Erntebeginn ca. 8 Wochen.

**Inhaltstoffe, Verwendungstips, Erde, Licht, Wärme, Wasser, Düngung:** Wie beim Kopfsalat. Eissalat erträgt aber Hitze besser als selbst Kopfsalat-Sommersorten, und 3 bis 4 Wochen nach der Pflanzung eine Kopfdüngung, 20–30 g/m², nötig.

Eissalat hält sich im Gemüsefach tagelang.

Pflücksalat ist ausgesprochen ergiebig.

**Sortenwahl:** 'Great Lakes' ist mehltauresistent. 'Saladin', 'Timo', 'Laibacher Eis' ist widerstandsfähig gegen Mehltau und Virus, bildet in nassen **und** trockenen Jahren gute Köpfe. 'Sioux' ist ein rotgrün-gefleckter Eissalat bevorzugt für den Herbstanbau.

**Saat und Pflanzung:** Eissalat kann von April bis Ende Juli gepflanzt, aber auch wie Kopfsalat gleich aufs Beet gesät werden. Die Abstände müssen größer sein, je nach Sorte 30 × 30 cm bis 30 × 40 cm. Für die Anzucht bei Vorkultur rechnet man 4 bis 5 Wochen.

**Ernte und Lagerung:** Eissalat schneidet man, wenn die Köpfe fertig ausgebildet sind, es eilt aber nicht so, weil sie kaum schossen. Die Köpfe können, sogar halbiert, mehrere Tage im Gemüsefach des Eisschranks aufbewahrt werden.

## Pflücksalat

Familie Korbblütler. Heimat und Keimdauer wie Kopfsalat. Entwicklungsdauer von Saat bis Erntebeginn 5 bis 6 Wochen. Pflücksalat ist viel zuwenig bekannt, obwohl er zart und knusprig schmeckt.

**Inhaltstoffe, Verwendungstips, Erde, Licht, Wärme, Wasser:** Wie beim Kopfsalat.

**Düngung:** Grunddüngung 50 bis 60 g/m², Kopfdüngung nach 5 bis 6 Wochen, 30 g/m². Organisch-mineralische Grunddüngung 60–80 g/m², Kopfdüngung 40–50 g/m².

**Sortenwahl:** 'Salli', 'Red Salad Bowl/Vulcano' (roter Eichblatt), 'Salad Bowl' (grün-gelber Eichblatt), 'Lollo Rossa' (rot), 'Lollo Gelb', 'Till' (Fingersalat), 'Brunia' (rot).

**Saat:** Säen Sie in ganz flache Reihen, Reihenabstand 25 cm. Später

# Gemüsekulturen

muß auf 20–25 cm in der Reihe verzogen werden.

**Ernte:** Etwa 5 bis 6 Wochen nach der Saat können Sie mit der Ernte beginnen: Die untersten Blätter werden gepflückt, immer kurz vor dem Anmachen, weil sie rasch welken. Bei guter Versorgung wachsen die Pflanzen weiter, viele Wochen lang.

## Schnittsalat

Familie Korbblütler. Alle Angaben, auch über Inhaltstoffe und Verwendung, stimmen mit denen des Kopfsalats überein.

**Erde, Licht, Wärme, Wasser:** Schnittsalat gedeiht noch im Halbschatten einigermaßen und kann gut im Balkonkasten stehen. Sonst hat er die gleichen Ansprüche wie Kopfsalat.

**Düngung:** Grunddüngung 40–50 g/m², Organisch-mineralische Grunddüngung 60–80 g/m².

'Salli' eignet sich auch als Schnittsalat.

**Sortenwahl:** 'Gelber runder' schoßt rasch, 'Gelber krauser' schoßt weniger rasch. – Auch übriggebliebener Kopfsalatsamen kann verwendet werden!

**Saat:** Wie bei Kopfsalat, Reihenabstand aber 15 cm. Folgesaaten in wöchentlichem Abstand sorgen für lang andauernde Erntemöglichkeit.

**Ernte:** Nach 4 bis 5 Wochen kann geschnitten werden – nur einmal, denn Schnittsalat wächst nicht nach.

## Endivie, Winterendivie

Familie Korbblütler. Heimat Mittelmeerraum. Keimdauer 6 bis 10 Tage, Entwicklungsdauer von Pflanzung bis Erntebeginn 8 bis 9 Wochen.

**Inhaltstoffe:** Mehr Karotin und Vitamin C als Kopfsalat, Bitterstoffe, Mineralstoffe.

**Verwendungstips:** Endivie schmeckt mit Kräuter- oder Obstessig angemacht besonders gut. Es ist vielfach üblich, grüne (ungebleichte) Blätter wegzuwerfen und die anderen für einige Zeit feingeschnitten in warmes Wasser zu legen. Dadurch werden aber Geschmack und gesundheitlicher Wert gemindert.

**Erde, Licht, Wärme, Wasser:** Die Ansprüche gleichen denen des Kopfsalates, Jungpflanzen brauchen aber mehr Wärme, damit sie später nicht schossen.

**Düngung:** Grunddüngung 70 bis 80 g/m², Organisch-mineralische Grunddüngung 100–120 g/m².

**Sortenwahl:** 'Jeti', 'Hilds Diva', 'Bubikopf'; 'Wivita', besonders widerstandsfähig gegen Herbstnässe; alle selbstbleichend; 'Grüner Escariol' ist besonders frostbeständig. Gekrauste (Frisée-)Sorten sind 'Très fine Maraichère/Goldherz', 'Wallone frisée', 'Grüne große Krause'.

**Saat und Pflanzung:** Saat zwischen Mitte Juni und Mitte Juli aufs Saatbeet (wie Kopfsalat). Frühere Saat ergibt schossende Pflanzen. Nach 4 bis 5 Wochen kann gepflanzt werden – flach, wie beim Kopfsalat. Blätter vorher nicht einkürzen. Pflanzabstand 30 × 30 cm. Praktiker empfehlen auch Saat nach den Eisheiligen an Ort und Stelle. Dadurch kann früher geerntet werden, das Pro-Kopf-Gewicht erhöht sich, der innere Strunk wird kürzer.

**Bleichen:** Früher mußte man Endivie zum Bleichen zusammenbinden. Bei den neuen Sorten ist das nicht nötig, wenn der Pflanzabstand stimmt. Sogar die alte 'Grüner Escariol' färbt sich dabei innen gelb. Wenn Sie doch bleichen (durch Überstreifen von Weckgummi oder Abdecken mit schwarzer Folie), achten Sie darauf, daß die Pflanzen vorher abgetrocknet sind, damit sie nicht faulen.

**Ernte und Lagerung:** Sobald die Pflanzen ausgewachsen sind, kann nach Bedarf geschnitten werden.

Endivie, ein vitaminreiches Wintergemüse.

Leichter Nachtfrost schadet nicht, 'Grüner Escariol' erträgt sogar −3 °C bis −4 °C. Nur mit dem Hereinholen sollten Sie warten, bis der Frost aus den Blättern ist.

Zur Lagerung gräbt man die Pflanzen mit Wurzelballen aus, bevor es noch kälter wird, und schlägt sie nach Entfernen schlechter Blätter in feuchten Sand oder sandige Erde ein. Damit die Blätter nicht welken, einige Tage mit wachsender Folie, Vlies, Zeitungspapier abdecken.

**Wichtig:** niedrige Temperaturen über 0 °C und viel frische Luft.

Richtiges Einschlagen von Endivie.

# Gemüsekulturen

## Zichorie, Zuckerhut, Fleischkraut

Familie Korbblütler. Heimat Europa, Sibirien, Vorderasien, Keimdauer wie Endivie. Entwicklungsdauer von Saat bis Ernte 3 bis 4 Monate.
**Inhaltstoffe, Verwendungstips, Erde, Licht, Wärme, Wasser:** Wie bei Endivie.
**Düngung:** Grunddüngung 80 g/m², Kopfdüngung 30–40 g/m². Organisch-mineralische Grunddüngung 60–80 g/m², Kopfdüngung 30 bis 40 g/m².
**Sortenwahl:** 'Zuckerhut/Hilmar', 'Zuckerhut/St. Vatter'.
**Saat:** Mitte bis Ende Juni an Ort und Stelle, Reihenabstand 35 cm. Später muß auf 35–40 cm in der Reihe verzogen werden.

Zuckerhut hält oft monatelang im Lager.

**Ernte und Lagerung:** Zuckerhut können Sie ab Mitte Oktober verbrauchen. Vorsicht beim Hereinholen, die Blätter sind spröde und brüchig. Weil Fleischkraut Frost bis −7 °C verträgt (wiederholtes Gefrieren und Tauen ist weniger gut), muß meist erst Mitte oder Ende November ausgegraben werden. Schlägt man ihn wie Endivie ein oder hängt ihn im kalten, frostfreien Raum auf, hält er oft monatelang.

## Radicchio

Familie Korbblütler. Heimat und Keimdauer wie Zichorie, Zuckerhut. Entwicklungsdauer von Saat bis Erntebeginn für Herbstsorten 4 Monate, für Wintersorten 8 Monate.
**Inhaltstoffe, Verwendungstips, Ansprüche:** Wie bei Endivie, aber auch gedünstet, mit Butter übergossen.
**Düngung:** Grunddüngung 60 bis 80 g/m², Kopfdüngung nach Verziehen 35 g/m², Organisch-mineralische Grunddüngung 60–80 g/m², Kopfdüngung 20–40 g/m².
**Sortenwahl:** 'Palla Rossa/Roter Ballon' und 'Palla Rossa/Rubico' zur Herbsternte, 'Roter von Verona' zur Überwinterung und Ernte im zeitigen Frühjahr. Hier sind erst die Frühjahrsköpfchen rot.
**Saat:** Die Herbstsorte Mitte Juni, die Überwinterungssorte Juli bis Anfang August, meist an Ort und Stelle. Reihenabstand 25 cm, auf 20 cm in der Reihe verziehen. Wer

Radicchio schmeckt sehr pikant.

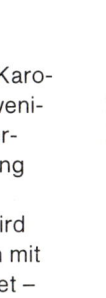

Gepflegter Chicorée – kräftige Treibwurzeln!

pflanzen möchte, muß in Kistchen mit Aussaaterde säen, Reihenabstand 4 cm, und auf 2,5 cm in der Reihe verziehen.

4 Wochen später sind die Setzlinge fertig. Bei starker schneeloser Kälte ist Abdecken der Beete ratsam.

**Ernte:** Radicchio bildet nur lockere Köpfchen, die besser zusammenhalten, wenn sie ein 2–3 cm langes Stück Wurzel behalten, das feingeschnitten in den Salat gemischt wird. Nur bei frostfreiem Wetter ernten, weil gefrorene Blätter bei der Zubereitung zusammenfallen.

## Chicoree

Familie Korbblütler. Stammt von der Wegwarte ab, die in Europa, Sibirien und Vorderasien vorkommt. Keim-

dauer wie Endivie. Entwicklungsdauer von Saat bis Ernte der Rüben 5 bis 6 Monate, Treibdauer der Rübenwurzeln bis zur Ernte der Sprosse 4 bis 6 Wochen.

**Inhaltstoffe:** Chicoree enthält Karotin und Vitamin C, wenn auch weniger als Fleischkraut, dazu Bitterstoffe, die günstig auf Verdauung und Blutgefäßsystem wirken.

**Verwendungstips:** Chicoree wird fein geschnitten als Salat, auch mit Apfelsinenstückchen, zubereitet – leider meist, nachdem er in lauwarmem Wasser lag, um einen Teil der gesunden Bitterstoffe und damit auch andere Inhaltstoffe herauszuziehen. Es würde genügen, den bittersten Teil am Wurzelende keilförmig herauszuschneiden! Chicoree kann auch gedünstet und überbakken werden.

# Gemüsekulturen

**Erde, Licht, Wärme, Wasser:** Jeder gepflegte Gartenboden eignet sich. Chicoree braucht Licht und genügend Feuchtigkeit, vor allem im August und September, gedeiht aber noch in rauhem Klima gut.

**Düngung:** Grunddüngung 70 bis 80 g/m², Kopfdüngung 6 bis 8 Wochen später bevor der Bestand sich schließt (die Pflanzen aneinander stoßen) 40 g/m², Organisch-mineralische Grunddüngung 60–80 g/m², Kopfdüngung 20–40 g/m².

**Sortenwahl:** 'Zoom' mit und ohne Deckerde zu treiben; 'Flash', 'Tardivo', 'Mitado' Treiberei ohne Deckerde; 'Brüsseler Witloof' Treiberei mit Deckerde; 'Rouge Carola' (rotweiß) Treiberei ohne Deckerde.

**Saat, Pflanzung, Pflege:** Säen Sie Anfang bis spätestens Mitte Mai gleich aufs Beet, 2–3 cm tief, Reihenabstand 40 cm. So bald wie möglich zwischen den Reihen lockern und Unkraut entfernen. Etwa 2 Wochen nach der Keimung sollten Sie auf 8–10 cm Abstand in den Reihen verziehen. Wenn Sie die Sämlinge sehr vorsichtig mit unverletzten Wurzeln herausnehmen, sorgfältig pflanzen und danach gewissenhaft betreuen, können Sie sie auch verpflanzen, obwohl das nicht üblich ist.

**Ernte und Lagerung der Treibwurzeln:** Im Oktober/November nimmt man die Wurzeln mit der Grabgabel aus dem Boden und läßt sie eine knappe Woche, samt Laub aufeinandergeschichtet, draußen im Schatten liegen, damit die in den Blättern enthaltenen Nährstoffe von den Wurzeln aufgenommen werden. Nachdem das Laub 3–4 cm über dem Rübenkopf abgeschnitten ist, schlägt man die Wurzeln bis zur Treiberei in Erde ein und bewahrt sie kühl bei +1 °C bis +3 °C auf.

**Treiberei mit und ohne Deckerde:** Als Treibgefäße können Sie Eimer aus Blech, Plastikmaterial oder mit Folie ausgekleidete Pappe benutzen, die am Boden mit ein paar Löchern versehen sind, aber auch Holzkisten oder große, mit Folie ausgelegte Pappkartons. Der Boden der Gefäße wird 10 cm hoch mit Komposterde bedeckt, die Wurzelrüben stellt man dicht an dicht senkrecht darauf. Nun müssen Sie noch 3–5 cm hoch Erde aufbringen und durch kräftiges Gießen zwischen die Wurzeln spülen, bis alle Zwischenräume ausgefüllt sind. Sorten »zur Treiberei mit Deckerde« decken Sie zum Schluß 18–20 cm hoch mit feuchter Gartenerde ab. Sorten »zur Treiberei ohne Deckerde« brauchen nur mit schwarzer Folie abgedeckt zu werden, am besten mit Mulchfolie oder -vlies, die Luft durchläßt, und unter der nicht so leicht etwas fault. Erde gut feucht halten!

Bei Bodentemperaturen um +17 °C können Sie nach 4 Wochen ernten, ist es kälter (+12 °C ist unterste Grenze), dauert alles länger. Bei Wärmegraden über 18 °C werden die Sprosse zu locker.

**Ernte der Treibsprosse:** Fertige Treibsprosse bricht man von den Wurzeln, wenn sie etwa 15 cm lang und noch fest geschlossen sind. Nie mehr Wurzeln treiben, als Sie Sprosse innerhalb von 1 bis 2 Tagen verbrauchen können!

## Romanasalat, Bindesalat, Römischer Salat, Kochsalat, Sommerendivie, Lattich

Alte Kulturpflanze. Heimat unsicher, vielleicht Westasien. Keimdauer 6 bis 10 Tage. Entwicklungsdauer von Saat bis Erntebeginn 10 bis 14 Wochen.

**Inhaltstoffe:** Ähnlich wie Kopfsalat, Geschmack etwas kräftiger.

**Verwendungstips:** Romana kann wie Kopfsalat angemacht, aber auch in wenig Wasser mit etwas Muskat gedünstet und mit zerlassener Butter übergossen als Gemüsebeilage gegessen werden. Die spargelähnlichen Stiele lassen sich kurz vor dem Schossen nach Spargelrezepten zubereiten.

**Erde, Licht, Wärme, Wasser:** Keine besonderen Ansprüche. Gießen Sie nur bei Trockenheit, zu viel Feuchtigkeit begünstigt Pilzkrankheiten.

**Düngung:** Grunddüngung 60 g/m$^2$, Kopfdüngung vor Bestandsschluß (bevor die Pflanzen aneinander stoßen) 20–30 g/m$^2$, Organisch-mineralische Grunddüngung 80 g/m$^2$, Kopfdüngung 40 g/m$^2$.

**Sortenwahl:** 'Kasseler', braucht nicht zusammengebunden zu werden, weil die inneren Blätter hellgrün und sehr zart sind. 'Verde degli Ortolani', 'Parris Island Cos', 'Little Leprechaun' (rot).

**Saat, Pflanzung, Pflege:** Ab Mitte Mai kann aufs Beet gesät werden, Reihenabstand 35 cm, später auf 30 cm in der Reihe verziehen. Sie können auch in Kistchen säen, in 4–5 cm voneinander entfernte Reihen, und 4 Wochen nach der Saat können Sie pflanzen, richtiger Abstand 35 × 30 cm.

**Ernte und Lagerung:** Die Köpfe des Römischen Salats werden nach Bedarf in die Küche geholt. Lagerung ist nur 2 bis 3 Tage im Kühlschrank möglich.

Romana schmeckt als Salat und Gemüse.

# Gemüsekulturen

## Feldsalat, Rapunzel, Ackersalat, Nüßlisalat

Familie Baldriangewächse. Heimat Europa, kommt wild bei uns vor. Keimdauer 8 bis 14 Tage, Entwicklungsdauer von Saat bis Erntebeginn für Herbstsorten 3 Monate, für Wintersorten 5 bis 6 Monate.

**Inhaltstoffe:** Vitamin- und Mineralstoffgehalt ähnlich, aber höher als bei Kopfsalat – doppelt wertvoll, weil Feldsalat im Herbst und Winter geerntet werden kann.

**Verwendungstip:** Feldsalat wird wie Kopfsalat angemacht und schmeckt mir sogar ohne Salatsoße.

**Erde, Licht, Wärme, Wasser:** Feldsalat wächst am besten in gepflegten, humosen, nicht zu schweren Böden.

**Düngung:** Grunddüngung etwa 20 bis 30 g/m². Organisch-mineralisch 40 bis 50 g/m².

**Sortenwahl:** 'Vit' für Anbau unter Glas, 'Dunkelgrüner Vollherziger', 'Verte de Cambrai', 'Elan' – alle drei bewährte Wintersorten, 'Holländischer breitblättriger' ertragreich, aber nicht frostbeständig, für Herbsternte.

**Saat:** Anfang August wird für Herbsternte, Ende August/Anfang September für Winterernte ausgesät, 1 cm tief, nicht zu dicht, Reihenabstand 10 cm. Damit die Erde nicht zu locker liegt und der Samen zu tief sinkt, lockern und ebnen Sie das Beet schon eine Woche zuvor.

**Ernte:** Nach Bedarf – die Blätter dürfen dabei nicht gefroren sein, sonst fallen sie bei der Zubereitung zusammen. Im März abräumen, weil die Pflanzen im April blühen.

Feldsalat schmeckt angenehm nußartig.

# Blätter und Sprosse

Spinat ist auch eine gute Zwischenkultur.

## Spinat

Familie Gänsefußgewächse. Nur in Kultur bekannt, stammt aber vermutlich von einem Wildspinat in Westasien ab. Keimdauer 7 bis 10 Tage, Entwicklungsdauer von Saat bis Erntebeginn für Frühjahrsspinat und Herbstspinat 8 Wochen, für Winterspinat 5 Monate.

**Inhaltsstoffe:** Spinat enthält Karotin, Vitamin C, $B_1$, $B_2$ und reichlich Mineralstoffe. Der Oxalsäuregehalt ist so gering, daß er durch normale Kalk- und Vitamin-D-Zufuhr, also durch Genuß von Milch und Quark, neutralisiert wird.

**Verwendungstips:** Spinat schmeckt mit wenig Wasser, Salz und Muskat gedünstet, mit Sahne, zerlassener Butter oder geriebenem Käse verfeinert zu Kartoffeln und kurzgebratenem Fleisch oder Spiegeleiern. Reste nicht aufbewahren und aufwärmen! Empfindliche Kleinkinder, vor allem Babys unter 4 Monaten, sollen lieber keinen Spinat bekommen.

**Erde, Licht, Wärme, Wasser:** Spinat braucht tiefgründigen humosen Boden, der weder zu leicht noch zu schwer sein darf und sich vor der Saat »gesetzt« haben soll. Er gedeiht auch in rauhem Klima, verträgt aber keine Trockenheit.

**Düngung:** Grunddüngung eine Woche vor der Saat 60 g/m², Kopfdüngung nach dem ersten Schnitt nur, wenn noch einmal geschnitten werden soll 20 g/m². Organisch-mineralische Grunddüngung 60–80 g/m², Kopfdüngung wie oben 30 g/m².

# Gemüsekulturen

**Sortenwahl:** 'Matador', 'Butterflay' für alle Saattermine; 'Monnopa' für Frühjahr und Herbst; 'Atlanta', 'Rico' für Sommeranbau, spätschießend.

**Saat und Pflege:** Spinat ist mit sich und den Angehörigen der gleichen Pflanzenfamilie, Mangold und Rote Rübe, unverträglich und darf deshalb frühestens nach 4 Jahren wieder an die gleiche Stelle oder dorthin, wo eine dieser Arten gestanden hat. Damit das Beet bei der Saat nicht zu locker ist, sollten Sie es eine gute Woche davor herrichten. Saat so früh wie möglich und bis Mitte Mai, später wieder ab August (Herbstspinat) bis Anfang September (Winterspinat), 3 cm tief und nicht zu dicht. So können sich die Pflanzen kräftig entwickeln und bleiben gesund. Reihenabstand 20 cm. Durchziehen zur Bodenlockerung und Unkrautbekämpfung nicht vergessen!

**Ernte:** Spinat schmeckt am besten jung und zart. Deshalb bei Frühjahrs- und Herbstspinat lieber weniger und dafür mehrmals säen – jedenfalls dann, wenn nichts eingefroren werden kann.

## Neuseeländer Spinat

Familie Eiskrautgewächse. Heimat Neuseeland, Australien, Polynesien, Japan. Keimdauer ca. 30 Tage, Entwicklungsdauer von Saat bis Erntebeginn knapp 3 Monate.

**Verwendungstip:** Neuseeländer Spinat mit den wohlschmeckenden, etwas fleischigen Blättern wird genau wie Spinat zubereitet.

**Erde, Licht, Wärme, Wasser:** Neuseeländer Spinat gedeiht in jedem gut mit Humus versorgten, lockeren warmen Boden. Er braucht und verträgt Sonne, volles Licht und Hitze, wenn immer genügend Feuchtigkeit ohne Nässe zur Verfügung steht. Pflanzung in tiefe (20–25 cm) Gefäße ist möglich.

**Düngung:** Grunddüngung 50 g/m². Erste Kopfdüngung Ende Juni 30 g/m², zweite Kopfdüngung Anfang August 30 g/m², Organisch-mineralische Grunddüngung 60–80 g/m², Kopfdüngung 40–50 g/m². Gefäßpflanzen müssen ab der 4.Woche nach der Pflanzung alle 8 Tage mit 2–3 g/l versorgt werden.

**Sortenwahl:** Neuseeländer Spinat wurde bisher nicht züchterisch bearbeitet, es gibt keine Sorten.

**Saat, Pflanzung, Pflege:** Die großen vierkantigen Samen, eigentlich Früchtchen mit mehreren Samen, legen Sie nach 24stündigem Vorquellen in lauwarmem Wasser Anfang April einzeln in Papiertöpfe, die mit ausgepflanzt werden können, und stellen die Gefäße bei +20 °C, auch nach der Keimung, sehr hell auf.

Gepflanzt wird nach den Eisheiligen, eine Reihe in die Mitte eines besonnten, geschützten Beetes, Abstand von Pflanze zu Pflanze 50 cm. Vorsicht – wenn der Wurzelballen beschädigt ist, gibt es Schwierigkeiten beim Anwachsen. Die äußeren Beetränder können Ende April mit Frühsalat, Frühkohlrabi, Rettich oder Radieschen genutzt werden. Diese Gemüse sind abgeräumt, wenn der Neuseeländer Spinat mehr Platz braucht.

**Ernte und Lagerung:** Schneiden Sie ab Juli bis Anfang September einmal wöchentlich alle Triebspitzen mit 5 voll entfalteten Blättern. Zusätzlich können Sie Blätter pflükken, aber jedesmal nur wenige, um die Pflanze nicht zu sehr zu schwächen. Lagerung im Gemüsefach oder kühlem Raum ist nur für Stunden möglich.

## Mangold, Römischer Kohl, Beißkohl

Familie Gänsefußgewächse. Ist nur in Kultur bekannt, stammt möglicherweise vom Seemangold ab, der an den atlantischen Küsten Europas vorkommt. Keimdauer 14 Tage, Entwicklungsdauer von Saat bis Ernte 6 Wochen.

**Inhaltstoffe:** Mangold enthält reichlich Karotin, dazu Vitamin C, $B_1$, $B_2$, Mineralstoffe und sehr wenig Oxalsäure.

**Verwendungstip:** Mangold können Sie wie Spinat oder Spargel zubereiten. Er ist ausgesprochen kalorienarm.

**Erde, Licht, Wärme, Wasser:** Mangold gedeiht in jedem ordentlichen Gartenboden sogar noch im Halbschatten, aber nicht nach sich selbst, nach Roten Rüben und Spinat. Bei guter Wasser- und Nährstoffversorgung liefert er ab Juni den ganzen Sommer über zarte Blätter.

**Düngung:** Grunddüngung 40–60 g/m², Kopfdüngung nach mehrmaliger Ernte 20–30 g/m². Organisch-mineralische Grunddüngung 60–80 g/m², Kopfdüngung 40–60 g/m².

**Sortenwahl:** 'Glatter Silber' mit breiten silberweißen Rippen, 'Lukullus' mit gelben krausen Blättern und breiten weißen Rippen, sehr ergiebig. 'Vulkan', 'Feurio', rotstielig.

**Saat und Pflege:** Ende April ist Saatzeit. Der richtige Reihenab-

Mangold, ein schmackhaftes Sommergemüse.

# Gemüsekulturen

stand beträgt 30 cm, der Abstand in der Reihe 25 cm. Legen Sie jeweils 2–3 Samen 2 cm tief. Nach der Keimung darf nur eine Pflanze stehen bleiben. 10–15 Pflanzen reichen für eine Familie.

**Ernte:** Wenn Sie immer nur die großen äußeren Blätter nehmen und die kleinen inneren Blätter, das »Herz«, stehen lassen, können Sie jede Woche etwas holen.

## Rhabarber

Familie Knöterichgewächse, Heimat Bulgarien, Rhodope.
**Inhaltstoffe:** Vitamine, Mineralstoffe, Apfel- und Oxalsäure.
**Verwendungstips:** Rhabarber schmeckt als Kompott, Marmelade

Rhabarber schmeckt erfrischend wie Obst.

und Saft, am besten zusammen mit Erdbeeren verarbeitet. Nierenkranken ist Rhabarber wegen des Gehaltes an Oxalsäure verboten.
**Erde, Licht, Wärme, Wasser:** Rhabarber gedeiht in jedem humushaltigen Boden ohne Staunässe, auch im Halbschatten und in rauhem Klima. Er braucht aber viel Nährstoffe und Wasser.
**Düngung:** Viel Kompost, Stallmist oder Humobil, außerdem 150 g/m² Dünger jeweils nach Beendigung der Ernte, Organisch-mineralisch 220 g/m².
**Sortenwahl:** 'Holsteiner Blut', 'Viktoria', 'Roter Prinz', 'Red Sutton', alle rotstielig.
**Pflanzung, Vermehrung, Pflege:** Die ersten Pflanzen oder vielmehr »Klumpen« (Wurzelstockteile mit Triebaugen) müssen Sie kaufen. Im Herbst vor der Pflanzung ist der Boden zwei Spatenstich tief zu lockern und reichlich mit Kompost, möglichst auch mit Stallmist oder Humobil zu versorgen. Im Oktober oder im März bringt man die etwa 1 kg schweren Klumpen so tief in die Erde, daß die Knospen 2–3 cm hoch mit Erde bedeckt sind, Abstand 1 × 1 m. Blütentriebe immer entfernen.
**Ernte:** Im ersten Jahr nach der Pflanzung sollen die Pflanzen ungestört wachsen, es wird noch nicht geerntet. Später beim Durchgehen (ein- bis zweimal pro Woche) jeder Pflanze nur wenige Stiele nehmen (mit Ruck herausziehen, nicht ab-

schneiden, weil Stümpfe faulen), damit weitere wachsen können. Ab Ende Juni sollen die Pflanzen alle nachtreibenden Blätter behalten, damit sie fürs kommende Frühjahr genug Nährstoffe in die Wurzelstücke einlagern können. Dünger- und Wassergaben nicht vergessen.

**Verfrühung durch Folie:** Sobald die oberste Bodenschicht getaut ist, können Sie Rhabarberpflanzen mit Vlies oder »wachsender« Folie abdecken. Sie muß so reichlich bemessen sein, daß die 50–60 cm langen Rhabarberstiele darunter gerade in die Höhe wachsen können.

**Neupflanzung:** Nach 8 bis 10 Jahren bringen die Pflanzen nicht mehr viel Ertrag. Sie müssen geteilt und auf entsprechend vorbereitetes Land neu gepflanzt werden. Die alten Pflanzen im Oktober oder März ausgraben, mit scharfem Spaten so teilen, daß Teilstücke mit 1 kg Gewicht und mindestens einer Knospe entstehen.

## Grünspargel

Familie Liliengewächse, Heimat Europa, Vorderasien, Westsibirien.
**Inhaltstoffe:** Grünspargel enthält Karotin, Vitamin C, $B_1$, $B_2$, $B_{12}$ (Niacin), Mineralstoffe, – von allem mehr als Bleichspargel.
**Verwendungstips:** Grünspargel schmeckt roh wie zarte junge Erbsen. Sie können ihn in wenig Wasser weich dämpfen und mit frischer

Butter übergießen. Grünspargel braucht, rechtzeitig geerntet, weder geschält noch von Stengelteilen befreit zu werden, was beim Bleichspargel nötig ist.

**Erde, Licht, Wärme, Wasser:** Bleichspargel, gebleichter Grünspargel, ist schwieriger anzubauen und stellt höhere Ansprüche. Grünspargel wächst in jedem ordentlichen Gartenboden an heller, besonnter, geschützter Stelle. Spätfrostlagen sind ungeeignet, gute Ernten gibt es nur in warmen Jahren, Nässe wird nicht vertragen.

**Düngung:** Grunddüngung im Herbst vor der Pflanzung, neben viel Kompost (nach Möglichkeit verrottetem Stallmist) 200 $g/m^2$ Thomasmehl und 100 $g/m^2$ 40%iges chlorfreies Kali.
Im Frühjahr vor der Pflanzung 3–5 Säcke Humobil/$m^2$ oder Kompost flach einarbeiten, 5 bis 6 Wochen nach der Pflanzung 20 $g/m^2$ Kalkammonsalpeter. Im zweiten Jahr jeweils im April, Mai und Juni 50 $g/m^2$ Blaukorndünger. Organisch-mineralisch jeweils 80 $g/m^2$. Ab dem dritten Jahr immer nach Beendigung der Ernte im Abstand von 4 bis 6 Wochen zweimal 75 $g/m^2$, dazu reichlich Kompost und etwas Humobil zwischen den Pflanzen verteilen. Organisch-mineralische Düngung zweimal 80 bis 100 $g/m^2$.

**Sortenwahl:** 'Huchels Grünspargel Schneewittchen', 'Arlette', 'Merrygreen', 'Mary Washington', 'Helios'.

# Gemüsekulturen

**Vorbereitung des Bodens:** Der Boden wird schon im Herbst vor der Pflanzung tief gelockert und verbessert, wie unter Düngung angegeben. Im Frühjahr nur flach durcharbeiten und abrechen, und zwar vor Eintreffen der Pflanzen, die sofort gesetzt werden müssen, damit sie nicht vertrocknen.

**Pflanzung:** Kaufen Sie einjährige Spargelpflanzen mit starken Knospen und 10–12 cm langen fleischigen Wurzeln, eigene Anzucht ist zu umständlich. Wenn Sie am Ort nichts bekommen können, bestellen Sie am besten schon im Herbst oder Winter bei der Spargelzüchterfirma Billau (S. 123) oder einer anderen Spargelpflanzenfirma, denn März/April ist Pflanzzeit.

Der Reihenabstand beträgt 1 m, der Abstand in der Reihe 40 cm. Ziehen

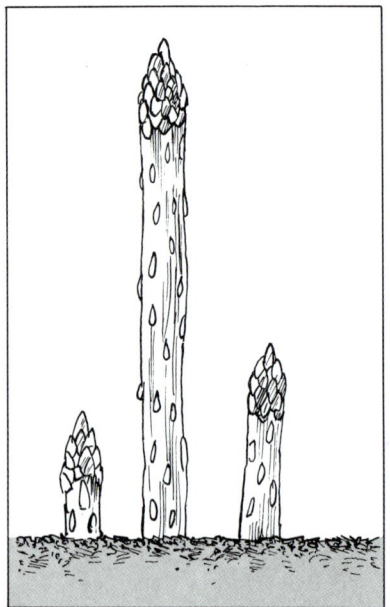

Die mittlere Pfeife ist reif zum Ernten und wird etwa 1 cm unter der Erdoberfläche geschnitten.

Nach der Ernte wächst das Spargelgrün.

Sie Furchen – in leichten Böden 15 cm, in schweren 10 cm tief – und bringen Sie die Pflanzen im richtigen Abstand dort hinein. Die Wurzeln müssen strahlenförmig nach allen Seiten ausgebreitet werden. Danach 5 cm hoch mit Erde abdecken und erst nach Anwachsen und Durchtreiben die Furche ganz füllen, Pflanzstellen mit verrottetem Stallmist oder feuchtem Torf bedecken.

In den ersten zwei Jahren dürfen Sie noch nicht ernten. Während dieser Zeit kann der Platz zwischen den Reihen mit anderen Gemüsen

# Vielerlei Kohl

wie Buschbohnen, Kopfsalat oder Kohlrabi genutzt werden. Die notwendige zusätzliche Düngung (bei den einzelnen Kulturen) dann aber nicht vergessen!

**Ernte:** Jede Stange (Pfeife), die 15–20 cm lang ist, wird etwa 1 cm unter der Erdoberfläche geschnitten. Die Deckblätter der »Köpfe« sollen noch fest anliegen. Am besten sehen Sie alle 2 bis 3 Tage nach. Im dritten Jahr, dem ersten Erntejahr, darf nur bis Anfang Juni, erst ab dem vierten Erntejahr bis Ende Juni geschnitten werden. Nach 10 bis 12 Jahren ist das Beet »abgetragen«, eine Neupflanzung an anderer Stelle nötig.

**Pflanzenhygiene:** Damit Spargelkrankheiten und -schädlinge sich nicht ausbreiten, schneiden Sie im Spätherbst das abgestorbene Laub handbreit über dem Boden ab und entsorgen es. Im Frühjahr können die dann trockenen Spargelstümpfe aus dem Boden gezogen und ebenfalls in die Mülltonne geworfen werden.

## Hygienische Maßnahmen – entscheidend für den Anbauerfolg

Kohlgemüse aller Art, aber auch andere Kreuzblütler wie Rettich, Radies und Senf sind für die gleichen Krankheiten und Schädlinge anfällig. Deshalb unbedingt 4 bis 5 Jahre Pause einhalten, bevor eine dieser Pflanzenarten auf die gleiche Stelle gebracht wird. Kohlstrünke nach der Ernte immer ausgraben, in die Mülltonne und nicht auf den Kompost werfen – deshalb, weil Kohlkrankheiten und -schädlinge (Kohlhernie u. a.) sich oft noch im Kompost am Leben halten.

Nur gesunde Jungpflanzen ohne Verdickungen an Wurzeln und Wurzelhals oder bräunlich verfärbte eingeschnürte Stellen verwenden. Heimat fast aller Kohlarten Atlantische Küsten Europas, Mittelmeergebiet. Keimdauer 4 bis 6 Tage.

## Blumenkohl, Karfiol, Käsekohl

Familie Kreuzblütler. Entwicklungsdauer von Pflanzung bis Erntebeginn 7 bis 9 Wochen.

**Inhaltstoffe:** Vitamin C, etwas Karotin, Vitamin K, $B_1$, $B_2$, Kali und andere Mineralstoffe, Eiweiß und Kohlehydrate.

**Verwendungstips:** Blumenkohl schmeckt gedünstet mit etwas Muskat, entweder mit Butter über-

# Gemüsekulturen

Blumenkohl bleibt schön weiß, wenn Sie die Blätter über die Blume knicken.

gossen oder mit hell gebräunten Semmelbröseln, als Auflauf mit Käse überbacken, in Eintöpfen, als Salat. Blumenkohl ist wegen leichter Verdaulichkeit schonkostgeeignet.

**Erde, Licht, Wärme, Wasser:** Jeder humusreiche kalkhaltige Gartenboden an geschützter besonnter Stelle ist geeignet, wenn ausreichend bewässert wird.

**Düngung:** Grunddüngung 60 g/m² eines Mehrnährstoffdüngers, erste Kopfdüngung 3 Wochen nach Pflanzung 50 g/m², zweite Kopfdüngung bei Beginn der Blumenbildung 30 g/m². Nach starken Regenfällen dritte Düngung mit 20 g/m² Kalkammonsalpeter. Organisch-mineralische Grunddüngung 75-100 g/m², Kopfdüngung 75–100 g/m². Blumenkohl braucht eben besonders viel verfügbare Nährstoffe.

**Sortenwahl:** 'Erfurter Zwerg', 'Nek-karperle' für erste Pflanzung draußen (April). Pflanzung Mai/Juni: 'Celesta'. Pflanzung Mai bis Juli: 'Hormade', 'Danova', 'Herbstriesen', 'Neckarperle'. 'Alverda', grünköpfig, und 'Minaret', gelb-grün, 'Violetto di Sicilia', violett, grünkochend, Saat Mitte Mai/Mitte Juni, Pflanzung auf 50 × 60 cm.

Winterblumenkohl 'Walcheren Winter 3 Armado April', Saat Anfang bis Mitte August, Pflanzung Mitte bis Ende September, Ernte Mai; unbedingt mit Vlies abdecken!

**Saat, Pflanzung, Pflege:** Für die erste Pflanzung im April holen Sie sich am besten Topfpflanzen beim Gärtner. Sie wachsen rasch an und weiter, der höhere Preis ist gerechtfertigt.

Ab April bis Anfang Juli können Sie selbst aussäen – in Kistchen mit späterem Verpflanzen in kleine

# Vielerlei Kohl

Töpfe oder auf ein reichlich mit Torf versorgtes Anzuchtbeet mit späterem Verziehen, damit sich die Sämlinge gut entwickeln können. Die jungen Pflänzchen werden einmal wöchentlich mit 2–3 g/l versorgt.

**Besonderheit:** Pflanzen, die bei der Anzucht oder später nach der Pflanzung auf dem Beet nicht ausreichend ernährt werden, Trockenheit, Kälte oder Nässe ertragen müssen, bilden kleine kümmerliche Blumen aus.

**Pflanzung:** Pflanzen Sie 4 bis 5 Wochen nach der Saat möglichst tief in den Boden, bis an die ersten richtigen Blättchen. Abstand 50 × 40 cm bis 50 × 50 cm. Bei früher Pflanzung ist Abdeckung mit Vlies oder »wachsender« Folie bis Mitte Mai günstig. Anhäufeln der Pflanzen und Lockerhalten des Bodens fördern die Entwicklung.

**Ernte und Lagerung:** Man schneidet, sobald die Blumen völlig ausgewachsen, aber noch fest geschlossen sind. Ab einer gewissen Blumengröße sollten Sie täglich kontrollieren und, wenn das die Pflanze nicht selbst besorgt, die äußeren Blätter über die Blume biegen, damit sie schön weiß bleibt. Es ist nicht schlimm, wenn sie dabei angeknickt werden. Lagerung ist nur für wenige Tage im Gemüsefach des Eisschranks möglich.

## Brokkoli, Spargelkohl

Familie Kreuzblütler. Entwicklungsdauer von Saat bis Ernte des Hauptsprosses 10 bis 12 Wochen.

**Inhaltstoffe:** Reichlicher Vitamin C, Karotin und Vitamin K als bei Blumenkohl, dazu Chlorophyll.

**Verwendungtips:** Brokkoli schmeckt kräftiger als der nah verwandte Blumenkohl und kann nach allen Spargel- und Blumenkohlrezepten zubereitet werden. In den USA kocht man aus den Blättern ein wirsingähnliches Gemüse. Brokkoli ist leicht verdaulich und schonkostgeeignet.

**Erde, Licht, Wärme, Wasser:** Die Ansprüche ähneln denen des Blumenkohls, Hitze wird etwas besser vertragen.

Vom Brokkoli können Sie lange ernten.

# Gemüsekulturen

**Düngung:** Wie beim Blumenkohl, wegen der längeren Erntezeit aber eine weitere Kopfdüngung.

**Sortenwahl:** 'Juwaprim', 'Juwatard', 'Futura', 'Green Valiant', 'Septal'; 'Rosalind', rot violett, grünkochend, intensiver Geschmack.

**Saat, Pflanzung, Pflege:** Vierwöchige Vorkultur mit Saat in Gefäße oder aufs Saatbeet ist möglich, ab Mitte April aber auch Direktsaat aufs Gartenbeet. Der richtige Reihenabstand ist 50 cm, in der Reihe legt man alle 50 cm 3 Körner etwa 1,5 cm tief. Nach der Keimung den kräftigsten Sämling stehen lassen. Saat zwischen Schnittsalat, halbfertigem Kopfsalat oder unter Mulchfolie kann empfohlen werden. Anhäufeln und lockern wie beim Blumenkohl.

**Ernte und Lagerung:** Brokkoli-Knospen werden festgeschlossen mit einem 20–25 cm langen Stück Stengel geschnitten. Zuerst ist der Hauptsproß an der Reihe, später die nachwachsenden Nebensprosse. Lagerung ist für 1 bis 2 Tage im Eisschrank möglich.

## Kopfkohlarten

**Weißkraut, Weißkohl, Weißkabis; Blaukraut, Rotkohl, Rotkabis; Wirsing, Wirz;** Familie Kreuzblütler. Entwicklungsdauer von Pflanzung bis Erntebeginn bei Früh-Weißkraut und Früh-Wirsing 8 bis 9 Wochen, bei Früh-Blaukraut 11 bis 12 Wochen, bei Herbst-Weißkraut, Herbst-Blaukraut und Herbst-Wirsing 14 bis 15 Wochen.

**Inhaltstoffe:** Vitamin C und reichlich Mineralstoffe.

**Verwendungstips:** Weißkraut schmeckt in herzhaften Eintöpfen, als Auflauf mit Hackfleisch und Käse, zu Kohlrouladen und Sauerkraut verarbeitet – Blaukraut mit Äpfeln und Zwiebeln vor allem zu Geflügel, aber auch wie Wirsing zu allen anderen Fleischgerichten. Kopfkohl ist wegen der blähenden Wirkung für Magen- und Darmkranke nicht geeignet. Frühkohl ist zarter und leichter verdaulich als Spätkohl.

**Erde, Licht, Wärme, Wasser:** Kopfkohl wächst in jedem gepflegten kalkhaltigen Gartenboden. Trockenheit verträgt er schlecht, bei krassem Wechsel zwischen Trockenheit und Nässe gibt es leicht geplatzte Köpfe. Kühles Wetter und rauhes Klima werden recht gut ertragen.

**Düngung:** Grunddüngung 70 g/m², erste Kopfdüngung 3 Wochen nach der Pflanzung 50–60 g/m², zweite Kopfdüngung zu Beginn der Kopfbildung 30 g/m², Organisch-mineralische Grunddüngung 75–100 g/m², Kopfdüngung 75–100 g/m².

**Sortenwahl**

Frühe und mittelfrühe Sorten: Weißkraut 'Erstling', 'Cape Horn', 'Minicole'; 'Picolo', 'Wiam', 'Castello' halten wochenlang auf dem Beet, ohne zu platzen. Blaukraut 'Frührot', 'Mohrenkopf', und 'Marner Rocco', bei später Pflanzung auch für Späternte und Lagerung, 'Allrot' für Früh- und Spätanbau.

Wirsing 'Praeco', 'Eisenkopf', 'Vorbote', 'Butterkohl'. 'Salarite' ist gut rohkostgeeignet! Mildsüßer Geschmack.

**Herbst- und Lagersorten:**

**Weißkraut** 'Filderkraut', 'Hidena', 'Bison', 'Garant', lagerfähig bis April/Mai; 'Shamrock', süß, besonders für Rohkost, Ernte September.

**Blaukraut** 'Lagerrot', 'Ruby Perfection', lagerfähig bis April/Mai.

**Wirsing** 'Savoy Star'; 'Vertus', 'Wivoy', für Ernte vom Beet bis März; 'Advent', Saat August, Pflanzung September, Ernte Mai, unbedingt mit Vlies abdecken.

**Saat, Pflanzung, Pflege:** Setzlinge für die erste Pflanzung kaufen Sie am besten beim Gärtner. Herbst- und Lagerkohl für Pflanzung Mitte Mai oder Anfang Juni und Winter-Wirsing für Pflanzung bis Juli können selbst herangezogen werden. Säen Sie Herbstkohl Anfang bis Mitte April in Kistchen, ins Frühbeet oder unter Folie aufs Anzuchtbeet, Lagerkohl Ende April, Winter-Wirsing Mitte Mai bis Anfang Juni, Früh-Wirsing für Herbsternte noch Anfang Juli aufs Anzuchtbeet. Bei genügend weitem Stand und guter Anzuchterde braucht nicht pikiert zu werden. 4 bis 5 Wochen nach der Saat können Sie pflanzen. Gepflanzt wird tief, bis an die ersten richtigen Blättchen, Abstand für

Weißkraut

Blaukraut

Wirsing

73

# Gemüsekulturen

Frühkohl 40 × 35 cm, für Spätkohl 50 × 50 cm. Durch Abdecken des Frühkohls mit Vlies oder »wachsender« Folie gleich nach der Pflanzung und bis Mitte Mai können Sie die Ernte um 1 bis 2 Wochen vorverlegen. Anhäufeln nach einiger Zeit des Wachstums fördert Wurzelbildung, Standfestigkeit, Wasser- und Nährstoffaufnahme.

**Ernte und Lagerung:** Geerntet wird, wenn die Köpfe voll ausgewachsen, aber noch fest geschlossen und nicht geplatzt sind. Frühkohl kann höchstens 3 bis 4 Wochen bei Temperaturen um + 1 °C, Lagerkohl im kühlen, feuchten (kaum mehr vorhandenen) Keller, in Erdmiete oder Frühbeet bei 0 °C bis + 2 °C für mehrere Monate gelagert werden.

## Rosenkohl

Familie Kreuzblütler. Entwicklungsdauer von Pflanzung bis Erntebeginn 18 bis 20 Wochen.
**Inhaltsstoffe:** Viel Vitamin C und Mineralstoffe.

Hier ist der Rosenansatz gut zu sehen.

**Verwendungstips:** Rosenkohl schmeckt mit wenig Wasser weichgedämpft, mit etwas Muskat gewürzt, mit flüssiger Butter oder Sahne übergossen außer zu Fleischgerichten auch zu Eßkastanien. Rosenkohl ist nicht schonkostgeeignet.

**Erde, Licht, Wärme, Wasser:** Rosenkohl gedeiht in jedem gepflegten Gartenboden und auch in rauhem Klima, wenn er genug Wasser und Licht bekommt.

**Düngung:** Bei zu hoher oder einseitiger (Stickstoff-)Düngung werden die Röschen locker und »flattrig«, faulen und erfrieren leicht. Grunddüngung 80 g/m², Kopfdüngung 4 Wochen nach der Pflanzung 40 g/m², Organisch-mineralische Grunddüngung 75–100 g/m², Kopfdüngung 75–100 g/m².

**Sortenwahl:** 'Hilds Ideal', Pflanzung Mitte/Ende Juni, die herabhängenden Blätter schützen die Röschen gut gegen Frost, Ernte November/Dezember; 'Citadel', Pflanzung Ende Mai/Anfang Juni, Ernte Oktober bis Januar; 'Hossa', Pflanzung Mitte Juni, Ernte Oktober bis März; 'Fortress', Pflanzung Mitte Mai/Mitte Juni, Ernte Januar bis Februar; 'Rubine' (rot).

**Saat, Pflanzung, Pflege:** Grundsätzlich gilt – je früher die Saat, desto höher der Ertrag. Die Qualität ist besonders gut, es kann früher geerntet werden. Frühester Saattermin für Herbsternte ist der 20. März, für Winter- und Frühjahrsernte der

10. April. Es muß 5 Wochen vor der geplanten Pflanzung gesät werden – ins Frühbeet oder auf ein Anzuchtbeet – immer in Reihen. Bei zu dichtem Stand etwas verziehen. Auch Rosenkohl tief pflanzen, 60 × 50 cm, und später anhäufeln.

**Entspitzen:** Wenn Rosenkohl bis Mitte September noch keine Röschen angesetzt hat, muß er »entspitzt« werden. Brechen Sie die Knospen an der Pflanzenspitze aus. Obwohl es anders behauptet wird: alle Blätter erhalten, sie ernähren und schützen die Röschen.

**Ernte:** Vor allem in Süddeutschland faulen in manchen Wintern auch bewährte frostharte Rosenkohlsorten durch allzuhäufigen Wechsel zwischen Gefrieren und Tauen. Graben Sie deshalb die mit fertigen Röschen besetzten Pflanzen im Spätherbst oder Frühwinter aus, pflanzen sie behelfsmäßig an der Nordseite eines Gebäudes ein (Einschlag) und decken leicht mit Fichtenreisig, Vlies oder Schattierfolie ab. So kann bei jedem Wetter geerntet werden, das Gemüse bleibt frisch und appetitlich.

## Kohlrabi, Oberkohlrabi

Familie Kreuzblütler. Entwicklungsdauer von Pflanzung bis Erntebeginn bei Frühkohlrabi und »Allround«-Kohlrabi 7 bis 8 Wochen, Sommerkohlrabi 5 bis 6 Wochen, Spätkohlrabi 14 bis 15 Wochen.

Kohlrabi müssen flach gepflanzt werden.

**Inhaltstoffe:** Vitamin C, Karotin, Mineralstoffe. Die Blätter von Kohlrabi enthalten mehr Vitamine als die Knollen.

**Verwendung:** Kohlrabi schmecken, mit den zarten Blättern feingeschnitten und gedünstet, mit Muskat und saurer Sahne gewürzt oder mit pikant abgeschmecktem Hackfleisch gefüllt, aber auch als Rohkost. Junge Kohlrabi sind leicht verdaulich.

**Erde, Licht, Wärme, Wasser:** Kohlrabi haben ungefähr die gleichen Ansprüche wie Kopfkohl. Gleichmäßige Wasserversorgung ist besonders wichtig, sie verzögert das Holzigwerden der Knollen und hilft, Platzer zu vermeiden.

**Düngung:** Grunddüngung 60–70 g/m$^2$, Kopfdüngung 3 Wochen nach Pflanzung 20–30 g/m$^2$. Organisch-mineralische Grunddüngung 80 bis 100 g/m$^2$, Kopfdüngung 50 g/m$^2$.

# Gemüsekulturen

**Sortenwahl:** 'Blaro', blau, 'Azur Star', blau, 'Marko', weiß, 'Lauro', weiß, 'Folio', weiß, für Frühpflanzungen; 'Blaro', 'Lauro', 'Marko', 'Noriko', weiß, 'Blusta', blau, für Frühling, Sommer und Herbst. 'Blauer Speck', Saat Juni, Ernte Mitte Oktober bis Mitte November; 'Superschmelz', Saat Anfang bis Mitte April, Ernte Spätsommer, bis 6 kg schwer, aber zart.

**Saat, Pflanzung, Pflege:** Kohlrabi reagieren auf zu niedere Temperaturen während der Jugendentwicklung, auf falsche Wasserversorgung und ungenügende Ernährung mit Schossern (Bildung von Blüten statt Knollen).

Die ersten Setzlinge wird man meist kaufen, weil geeignete Anzuchtmöglichkeiten fehlen. Später, ab Ende April/Anfang Mai (Sommer-, Herbst-, Allround- und Frühsorten für Spätanbau), können Sie die Pflänzchen in knapp 4 Wochen selbst heranziehen. Säen Sie in Reihen, sorgen Sie dafür, daß die Sämlinge genug Platz haben und tags bei 14 °C bis 16 °C, nachts wenigstens bei über 6 °C stehen. In dieser Zeit und bis 20. Juli ist auch Direktsaat aufs Beet mit Verziehen möglich, sie bringt besonders zarte Knollen. Abdecken mit Vlies oder »wachsender« Folie wenigstens bis Mitte Mai und mit Schattierfolie bei heißem Sommerwetter bringt Vorteile.

Gepflanzt wird flach und nur bis an die Keimblättchen. Der Abstand beträgt für Frühsorten 30 × 25 cm, für Sommer- und Herbstsorten beträgt der Abstand 30 × 30 cm.

Zu enger Stand und zu wenig Licht führen zu schlechten, langgestreckten Knollen.

Abdecken der ersten Pflanzungen (bis etwa Mitte Mai) mit Vlies, »wachsender« Folie oder einem Folientunnel bringt wesentlich frühere Ernten. Lüften des Tunnels bei sonnigem Wetter nicht vergessen.

**Mischkultur** mit Kopfsalat ist üblich, Randbepflanzung von Tomaten- und Gurkenbeeten möglich. Folgepflanzungen im Abstand von 4 bis 5 Wochen sind etwas für alle, die besonders gern Kohlrabi essen.

**Ernte und Lagerung:** Holen Sie die Knollen vom Beet, sobald sie fertig ausgebildet sind, später werden sie auch bei guter Pflege holzig.

Frühe und Sommer-Kohlrabi können gut vorgekocht eingefroren, die späten 'Blauer Speck' und 'Superschmelz' auch im kühlen Keller oder im Frühbeet für einige Wochen in feuchte Erde eingeschlagen (behelfsmäßig eingepflanzt) oder ohne Blätter und Wurzeln zusammen mit den Winterkartoffeln aufbewahrt werden.

## Chinakohl

Familie Kreuzblütler. Heimat Ostasien. Entwicklungsdauer von Saat bis Erntebeginn $2^1/_2$ bis 3 Monate.
**Inhaltstoffe:** Reichlich Vitamin C,

# Vielerlei Kohl

Eiweiß, Kohlehydrate und Mineralstoffe.

**Verwendungstips:** Chinakohl kann nach allen Wirsing-Rezepten zubereitet werden, aber auch roh als Salat. Anders als Kopfkohl bläht er nicht, ist also schonkostgeeignet.

**Erde, Licht, Wärme, Wasser:** Chinakohl wächst in jedem guten, kalkhaltigen, mit Humus versorgten Gartenboden, wenn er weder zu leicht (sandig) noch zu schwer (lehmig) ist. Er braucht wie alle Kohlarten ziemlich viel Wasser, verträgt trockene Luft besonders schlecht, erträgt aber leichten Frost.

**Düngung:** Grunddüngung 80 bis 90 g/m², Organisch-mineralische Grunddüngung 100–120 g/m².

**Sortenwahl:** 'Hongkong', 55–60 Tage, bei 20 °C ab April in Töpfen vorkultivieren; 'Chorus', 65 Tage, Kohlhernie-tolerant, 'Mammut', 75 Tage, 'Nagaoka King', 80–85 Tage, alle sehr gut lagerfähig; 'White Witch', orangefarbig.

**Saat, Pflanzung, Pflege:** Säen Sie Mitte bis Ende Juli. Bei früherer Saat schossen die Pflanzen leicht (bilden Blühtriebe und keine Köpfe), später entwickeln sich viele Sorten nicht mehr richtig. Chinakohl ist also eine gute Folgekultur nach anderen Gemüsen.

Man sät normalerweise an Ort und Stelle, Reihenabstand 30 cm und verzieht später auf einen Abstand von 30 cm in der Reihe.

**Verpflanzen** ist nur möglich, wenn

Chinakohl dürfen Sie erst im Juli säen.

die Pflänzchen besonders vorsichtig herausgenommen und gepflanzt und in den ersten Wochen sehr sorgfältig gepflegt (gegossen) werden. Oder wenn Sie sie in Töpfchen (Joghurtbechern mit Loch) heranziehen und mit Ballen setzen.

**Erdflöhe** haben eine Vorliebe für Chinakohl. Vorbeugend helfen ständiges Feuchthalten durch Bodenbedeckung, Mischkultur mit Kopfsalat und Spinat sowie Bestäubung der taunassen Pflanzen mit Algenkalk oder Gesteinsmehl.

**Ernte und Lagerung:** Da die Lagerfähigkeit auch bei entsprechenden Sorten begrenzt ist, holen Sie Chinakohl bis zum Eintritt stärkerer Fröste (unter −4 °C) am besten

nach Bedarf herein. Später kann er bei etwa +4° C und einer Luftfeuchtigkeit unter 65% bis Ende Dezember gelagert werden.
Wichtig ist behutsames Ernten – Druckstellen und Verletzungen gehen leicht in Fäulnis über und infizieren den ganzen Kopf.

## Grünkohl, Winterkohl, Blätterkohl

Familie Kreuzblütler, Entwicklungsdauer von Pflanzung bis Erntebeginn 18 bis 20 Wochen.
**Inhaltstoffe:** Reichlich Vitamin C, Karotin, Mineralstoffe und relativ viel hochwertiges Eiweiß.
**Verwendungstips:** Grünkohl wird meist wie Wirsing zubereitet, jedoch mit Gänse- oder Schweinefett, oder als Eintopf mit durchwachsenem Schweinefleisch und Kartof-

feln. Er schmeckt erst richtig, wenn er einmal durchgefroren ist. Für Magen- und Darmempfindliche eignet er sich nicht. Er liegt ihnen »wie ein Stein« im Magen und bläht.
**Düngung:** Grunddüngung 60 g/m², erste Kopfdüngung nach 4 bis 5 Wochen 20 g/m², zweite Kopfdüngung nach weiteren 4 bis 5 Wochen 20 g/m². Organisch-mineralische Grunddüngung 80 g/m², Kopfdüngung 40 g/m².
**Sortenwahl:** 'Niedriger grüner Krauser', 'Halbhoher grüner Krauser', 'Lerchenzungen', 'Tribor'; 'Winterbor', sehr frosthart.
**Saat, Pflanzung, Pflege:** Säen Sie zwischen Ende Mai und Ende Juni aus. Von Ende Juni bis Ende Juli kann gepflanzt werden – nach abgeräumten Erdbeeren, abgeernteten Salat, Frühkohl, Buschbohnen, Erbsen, Frühkartoffeln. Abstand 50 × 40 cm, bei später Pflanzung 40 × 40 cm. Auch Saat Mitte Juli in Reihen mit 15 cm Abstand ist möglich: Die Pflänzchen bleiben klein und werden wie Spinat geschnitten.
**Ernte:** Grünkohl sollten Sie nicht vor dem ersten Frost und dann den Winter über direkt vom Beet ernten. Frost verbessert den Geschmack, wenn er auch den Vitamin-C-Gehalt leicht senkt. Verwendet werden die großen fedrigen Blätter ohne grobe Blattrippen und ohne Strunk. Lagerung ist nicht üblich und nicht zu empfehlen.

Grünkohl schmeckt nicht vor dem ersten Frost und wird stets direkt vom Beet geholt.

## Möhre, Gelbe Rübe, Karotte, Wurzel

Familie Doldenblütler, Heimat Europa und Asien. Keimdauer 14 bis 21 Tage. Entwicklungsdauer von Saat bis Ernte 2½ bis 4 Monate, je nach Sorte.

**Inhaltstoffe:** Sehr viel Karotin, andere Vitamine, Mineralstoffe, Kohlehydrate.

**Verwendungstips:** Möhren schmecken roh gerieben mit Zitronensaft oder unter rohen Sauerkrautsalat gemischt, mit Erbsen gegart und mit Butter und gehackter Petersilie geschwenkt als Beilage zu Fleisch, aber auch in bunten Eintöpfen. Möhren gehören zu den kalorienreichen Gemüsen.

**Erde, Licht, Wärme, Wasser:** Möhren wachsen am besten auf leichten Böden mit hohem Humusgehalt, in denen die Wurzelrüben beim Wachsen in die Tiefe keine großen Widerstände zu überwinden haben. Niedere Temperaturen werden vertragen, mehr Wärme läßt den Karotingehalt steigen. Windlagen beugen Schädlingsbefall vor. Wichtig ist ausgeglichene Feuchtigkeit ohne Staunässe. Während der Keimung bis zur Bildung der ersten richtigen Blättchen ist zu viel Wasser sehr schlecht. Während des Rübenwachstums wird mehr Wasser gebraucht.

**Düngung:** Möhrensämlinge sind salzempfindlich, Düngung deshalb zu Anfang knapp bemessen. Grunddüngung 40 g/m², Kopfdüngung

Möhren brauchen gut bearbeitete Böden.

wenn Pflänzchen handhoch sind 40 g/m². Organisch-mineralische Grunddüngung 60–80 g/m², Kopfdüngung 40 g/m².

**Sortenwahl:** 'Suko', nur 7 cm lang mit kurzer Entwicklungszeit, 'Frühbund' und 'Nantaise' für Frühjahr (unter Folie), Sommer und Herbst mit Saat bis Anfang Juli, je nach Saatzeit auch als Lagermöhren geeignet; 'Decora' für schwere Böden und die gleichen Zeiten; 'Rothild', 'Rotin', 'Juwarot', alle drei besonders karotinreich, saftig, wohlschmeckend und zur Lagerung geeignet.

**Saat und Pflege:** Reihenabstand für Frühsorten 20 cm, für Lagersorten 25 cm. »Pillensaatgut«, von vielen Sorten erhältlich, legt man in 3 cm

# Gemüsekulturen

Abstand 3 cm tief in den Boden. Bei Verwendung des normalen, feinen Saatgutes so bald wie möglich auf den richtigen Abstand verziehen. Wird dem Samen wenig Salat- oder Radiessamen beigemischt, der nach Tagen und nicht erst nach 2 bis 3 Wochen keimt, kann bald zwischen den Reihen gelockert werden. Die Saatzeit beginnt, sobald der Boden offen ist und dauert bis Mitte Juni, für Sorten wie 'Suko' und 'Frühbund' sogar noch bis Anfang Juli.

**Verfrühung durch Folie:** Für die ersten Saaten lohnt Abdecken mit Vlies oder »wachsender« Folie bis zur Entwicklung der ersten zwei Laubblättchen.

**Ernte und Lagerung:** Möhren ernten Sie mit der Grabgabel, Lagermöhren erst Ende September/Anfang Oktober. Vor dem Einschichten in Kisten mit leichter, sandiger Gartenerde dreht man das Laub ab, ohne den Rübenkopf zu verletzen. Kühl und frostfrei aufgestellt halten Lagermöhren bis zum Frühjahr.

## Rettich, Radi

Familie Kreuzblütler. Alte Kulturpflanze. Heimat Europa, Mittelmeerraum, Vorderasien. Keimdauer 4 bis 6 Tage. Entwicklungszeit von Saat bis Ernte für Bündelrettich im Freiland 8 Wochen, für Stückrettich im Freiland 10 Wochen, für Winterrettichsorten 14 bis 15 Wochen.

**Inhaltstoffe:** Vitamin $B_1$, $B_2$, $B_{12}$ (Niacin), Vitamin C, Mineralstoffe, Senföle.

**Verwendungstips:** Rettich schmeckt besonders gut, wenn Sie ihn von Hand oder mit Spezialschneider aufschneiden und leicht gesalzen zu Butterbrot oder Aufschnitt servieren – grob geraffelt mit Salz, Zucker, Zitronensaft, Joghurt und etwas Bohnenkraut oder Pfeffer angemacht – fein geschnitten als Verzierung zu vielen anderen Salaten. Rettiche und Rettichsaft werden bei Leber- und Galleleiden, manchen Herzkrankheiten und Gelenkrheumatismus empfohlen. Im Winter hilft Rettichsirup gegen Husten. Dafür höhlt man einen schwarzen Rettich etwas aus, füllt ihn mit Honig oder Kandiszucker und läßt Saft ziehen, der später löffelweise genommen wird.

**Erde, Licht, Wärme, Wasser:** Rettich entwickelt sich nur auf tiefgründigem, humosem, nährstoffreichem Boden und bei guter Wasserversorgung richtig und schmeckt dann aromatisch ohne zu große Schärfe. Allerdings dürfen Sie in den ersten Wochen nicht zu viel gießen, mehr Wasser wird erst gebraucht, wenn die Rettichrüben heranzuwachsen beginnen. Bis dahin aber feucht halten, denn Trockenheit und Hitze schaden und fördern Erdflohbefall.

**Düngung:** Grunddüngung 60 g/$m^2$, Kopfdüngung nach 3 bis 4 Wochen 20 g/$m^2$ Kalkammonsalpeter, auf besonders kalkhaltigen Böden bes-

# Wurzeln und Knollen

Weiße Rettiche kurz vor der Ernte.

ser Ammonsulfatsalpeter oder für alle Düngungsmaßnahmen z. B. Flory 4, ein voll löslicher, physiologisch sauer wirkender Dünger. Organisch-mineralische Grunddüngung 60–80 g/m², Kopfdüngung 20–40 g/m².

**Sortenwahl**

Für Saat von März bis Mai: 'Schifferstädter Mai', 'Ostergruß', rosa, beide sogenannte Bündelrettiche, Abstand 15 × 12 cm, 'Hilds Neckarruhm' weiß oder rot, 'Rex' (auch zum Pflanzen), 'Unus' (auch zum Pflanzen), alle drei Stückrettiche, Abstand 20 × 20 cm.

Für Sommerernte: Saat Mai bis Juli; 'Halblanger weißer Sommer', 'Mainkrone', 'Münchner Treib und Setz/ Eckwe', Abstand 20 × 20 cm;

'Aspro', 'Silvester', 'Florian', sehr lang, aber mit typischem Rettichgeschmack; 'April Cross', Saat ab April, 'Minowase Summer Cross', Saat ab Juni, beide sehr lang, milder Geschmack, widerstandsfähig gegen Rettichschwärze, 30 × 30 cm.

Für Herbsternte und zur Einlagerung: 'Runder schwarzer Winter', 'Hilds blauer Herbst und Winter' mit Saat bis Mitte August, 'Münchner Bier'.

**Saat, Pflanzung, Pflege:** Halten Sie die Saattermine und Abstände der verschiedenen Sorten genau ein. Die Saatstellen werden in der Reihe vormarkiert, am besten mit einem einfachen Gerät, das Sie selbst anfertigen können. Dann drücken (stupfen) Sie je 2–3 Korn 2 cm tief

# Gemüsekulturen

in den Boden. Nach Keimung nur eine Pflanze stehenlassen!

**Rettiche zum Pflanzen** (siehe Sorten) sät man in Schalen, stellt am hellen Fenster oder im Frühbeet warm. Wenn das Hypokotyl (Stengelstück zwischen Keimblättern und Wurzel) etwa 6 cm lang ist, nach 10 bis 12 Tagen, wird gepflanzt, Abstand 25 × 20 cm.

**Wichtig:** die Sämlinge müssen ganz gerade und bis zu den Keimblättern in die Erde. Pflanzrettiche entwikkeln sich besonders gleichmäßig, wenn Sie alles richtig machen.

**Ernte und Lagerung:** Rettiche erntet man, sobald sie fertig sind. Früh- und Sommerrettich halten ohne Laub höchstens 2 bis 3 Tage im Kühlschrank, mit Laub noch kürzer. Lagerrettiche bleiben den Winter über frisch, wenn sie wie Lagermöhren behandelt werden.

## Radieschen, Monatsrettich

Keimdauer 3 bis 4 Tage. Entwicklungsdauer von Saat bis Ernte 4 bis 6 Wochen.

**Inhaltstoffe:** Wie beim Rettich.

**Verwendungstips:** Radieschen frisch im ganzen, in Scheiben geschnitten oder als »Röschen« zu Broten, zu Salaten und Aufschnitt aller Art. Gesundheitliche Wirkung ähnlich wie beim Rettich.

**Erde, Licht, Wärme, Wasser:** Radieschen wachsen in jedem ordent-

Radieschen, eine der ersten Kulturen im Jahr.

lichen Gartenboden, Ansprüche wie beim Rettich angegeben.

**Düngung:** Grunddüngung 30 bis 40 g/m², Organisch-mineralische Grunddüngung 60–80 g/m².

**Sortenwahl:** Für Frühjahr und Herbst 'Cyros', 'Cherry Belle', 'Juwasprint', 'Neckarperle'; für Sommersaat ab Mai 'Parat', 'Prinz Rotin', 'Riesenbutter'; für Saat von Frühjahr bis Herbst 'Sora', 'Raxe', 'Pernot' (rot-weiß).

**Saat, Pflanzung, Pflege:** Radieschen nur 1 cm tief säen, damit sie rund und nicht langgezogen heranwachsen. Reihenabstand 10 cm, Abstand in der Reihe 5 cm – verziehen nicht vergessen! Sie können auch in Schalen säen und pflanzen, sobald die Sämlinge 2 cm lang sind.

# Wurzeln und Knollen

**Frühsaaten:** Durch Vlies oder »wachsende« Folie, die bis zur Ernte liegen bleiben können, lassen sich die ersten Radieschen aus März/April-Saat verfrühen.

**Ernte und Lagerung:** Es wird nacheinander gezogen, sobald die richtige Größe erreicht ist, und möglichst frisch verbraucht. Ohne Laub halten sich Radieschen 2 bis 3 Tage im Gemüsefach des Eisschranks.

## Knollensellerie, Sellerie, Eppich, Wurzelsellerie

Familie Doldenblütler. Alte Kulturpflanze. Abstammung vom Sumpfsellerie, der in Nordeuropa auf feuchten Böden vorkommt. Keimdauer 15 bis 20 Tage. Entwicklungsdauer von Pflanzung bis Ernte 4 Monate.

**Inhaltsstoffe:** Vitamin E, $B_1$, $B_2$, $B_{12}$ (Niacin), C, Karotin, Mineralstoffe.

**Verwendungstips:** Sellerie schmeckt roh gerieben mit Zitronensaft und Sahne angemacht, gekocht als pürierte Suppe, mit Fleischfüllung, in Gemüseeintöpfen und Gemüseaufläufen und als Salat. Knolle immer im ganzen kochen, damit das Innere schön weiß bleibt. Für Rohkost bestimmten Sellerie nach dem Schälen und Zerteilen in Zitronen- oder Essigwasser legen, damit er nicht vergilbt.

**Erde, Licht, Wärme, Wasser:** Sellerie gedeiht in schweren oder Niedermoorböden besser als in sandi-

Knollensellerie ist eine gute Vorfrucht.

ger Erde. Feuchtigkeit ist wichtig, Staunässe wird nicht vertragen. In kühlen Sommern entwickeln sich die Knollen meist besonders gut. Die Pflanzen sind windunempfindlich und bleiben in windigen Lagen gesünder als in abgeschlossenen, geschützten.

Andere Gemüsearten wachsen nach Sellerie besonders gut, weil das dichte, starke Wurzelwerk den Boden lockert und mit Humus anreichert.

**Düngung:** Grunddüngung 50 g/m², erste Kopfdüngung Ende Juni 50 g/m², zweite Kopfdüngung Anfang August 50 g/m². Organisch-mineralische Grunddüngung 75 g/m², Kopfdüngung Mitte Juli 75 g/m².

# Gemüsekulturen

In den ersten 3 Wochen nach der Pflanzung schadet jede mineralische Düngung. Auf sehr kalkhaltigen Böden verwenden Sie statt des üblichen Düngers z. B. Bor-Nitrophoska, damit die Knollen keine schwarzen Flecken bekommen.

**Sortenwahl:** 'Neckarland', 'Dolvi', 'Ibis', 'Regent', 'Monarch', 'Phoenix' sind widerstandsfähig gegen Selleriekrankheiten.

**Saat, Pflanzung, Pflege:** Gesät wird Mitte bis Ende März in Schalen mit lockerer humoser Erde so dünn wie möglich. Nach Andrücken (nicht übersieben!) und vorsichtigem Angießen bis zur Keimung nach etwa drei Wochen mit Zeitungspapier abdecken. Feucht halten, bei + 18 °C aufstellen, damit es später nicht Blüten statt Knollen gibt. Nach der Keimung Zeitungslagen entfernen, sehr hell stellen und sobald wie möglich auf 5 × 5 cm Abstand pikieren.

Gepflanzt wird ab Ende Mai, flach, wie bei Kohlrabi und Kopfsalat beschrieben, Abstand 40 × 40 cm. Blätter der Setzlinge nicht einkürzen!

Die Wurzeln reichen nicht nur in die Tiefe, sondern liegen auch knapp unter der Erdoberfläche. Deshalb immer nur flach hacken, damit sie nicht verletzt werden.

**Ernte und Lagerung:** Bei der Ernte Anfang November die meisten Wurzeln und das Laub bis auf die Herzblätter entfernen. Einlagerung in Mieten oder im Keller in einer mit feuchter, sandiger Erde gefüllten Kiste.

Delikateßgemüse Bleichsellerie ähnelt dem verwandten Knollensellerie.

## Rote Rübe, Rote Bete, Rahne, Salatrübe

Familie Gänsefußgewächse. Nur in Kultur bekannt. Keimdauer 10 bis 12 Tage. Entwicklungsdauer von Saat bis Ernte 12 bis 16 Wochen.

**Inhaltstoffe:** Rote Rüben enthalten Vitamine, Mineralstoffe, Rohrzucker, organische Säuren, einen roten Farbstoff.

**Verwendungstips:** Rote Bete ißt man meist als Salat von im ganzen gedämpften und dann in Scheiben geschnittenen Knollen mit einer Soße aus Essig, Zucker, Salz, Zwiebeln und Kümmel, aber auch als

# Wurzeln und Knollen

warmes Gemüse mit Zwiebeln, Zukker, Salz, Essig und etwas Rotwein gewürzt. »Baby-beets« aus Spätsaat werden im ganzen zubereitet und eignen sich gut zum Garnieren.

**Erde, Licht, Wärme, Wasser:** Rote Rüben gedeihen in jedem gepflegten Gartenboden, brauchen nicht viel Wärme, aber gute Wasserversorgung. Sie sind weder mit sich selbst noch mit Mangold und Spinat verträglich, das muß bei der Wahl des Beetes beachtet werden. Enthält die Erde viel Kalk, sollten Sie z. B. Bor-Nitrophoska verwenden, damit sich keine schwarzen eingesunkenen Flecke an den Rüben bilden.

**Düngung:** Grunddüngung 30 g/m², Kopfdüngung zu Beginn Rübenbildung 25 g/m², Organisch-mineralische Grunddüngung 40–60 g/m², Kopfdüngung 40–60 g/m².

**Sortenwahl:** 'Rote Kugel', 'Amigo', 'Ferro', 'Dardani'; 'Forono' (walzenförmig, nicht rund wie die anderen). Kaufen Sie möglichst monogermes Saatgut, das aus getrennten Samen besteht. Rote Rüben haben ursprünglich Samenknäuel. 'Dardani', 'Amigo', 'Ferro' haben nur Einzelsamen, hier müssen nicht erst Knäuel getrennt werden.

**Saat, Pflanzung, Pflege:** Damit es keine Schosser gibt, sät man Rote Rüben nicht vor Ende April 3 cm tief, spätere Saaten bis Ende Juni sind möglich, deren Ertrag sich zur Einlagerung eignet. Reihenabstand 25 cm, später auf 10 cm in der

Rote Rüben wachsen noch bei später Saat.

Reihe verziehen. Rote Rüben können auch Mitte bis Ende Juni gepflanzt werden, Abstand 25 × 10 cm. 6 Wochen zuvor im Gefäß oder auf dem Anzuchtbeet aussäen, später verziehen oder pikieren. »Baby-beets« wachsen noch bei relativ dichter Spätsaat Anfang Juli, Reihenabstand 20 cm.

**Ernte und Lagerung:** Zum Frischverbrauch holen Sie nach Bedarf in die Küche, was fertig ist, »Baby-beets« schon nach 6 bis 7 Wochen. Rote Rüben zum Einlagern holen Sie etwa Mitte Oktober vom Beet – mit der Grabgabel, weil das Arbeiten damit leichter ist und das Erntegut geschont wird. Laub vorsichtig abdrehen, ohne die Rüben zu verletzen, damit sie nicht »bluten«. Kühl und frostfrei in feuchter, sandiger Erde aufbewahrt, halten sich Rote Rüben bis ins Frühjahr.

# Gemüsekulturen

## Fenchel, Knollenfenchel, Gemüsefenchel

Familie Doldenblütler. Heimat Mittelmeergebiet und Vorderasien. Keimdauer 14 Tage. Entwicklungsdauer von Saat bis Erntebeginn 90 bis 110 Tage.

**Inhaltstoffe:** Er enthält viel Karotin, Vitamin $B_1$, $B_2$, $B_{12}$, Vitamin C, Karotin, Vitamin E und Mineralstoffe.

**Verwendungstips:** Fenchelknollen schmecken besonders gut, wenn Sie sie im ganzen, nur von Laub und Wurzeln befreit, weich dünsten und mit frischer Mayonnaise als Vorspeise servieren – aber auch nach dem Dünsten in Scheiben geschnitten, mit Käse und Butterflöckchen

Knollenfenchel ist schonkostgeeignet.

überbacken als Hauptgericht.

**Erde, Licht, Wärme, Wasser:** Fenchel braucht humusreichen, guten Gartenboden, Sonne, Wärme und gleichmäßige Feuchtigkeit.

**Düngung:** Grunddüngung 50 bis 60 g/m², Kopfdüngung 6 Wochen nach Saat 30 g/m². Organisch-mineralische Grunddüngung 60 bis 80 g/m², Kopfdüngung 20–40 g/m².

**Sortenwahl:** 'Zefa Fino', 'Cantino', Saat ab April, 'Sirio', mit besonders großen Knollen, Saat Mitte Juli.

**Saat, Pflanzung, Pflege:** Meist wird gleich aufs Beet gesät, Reihenabstand 35 cm und später auf 25 cm in der Reihe verzogen. Wenn Sie Vlies verwenden, legen Sie alle 20 cm 3 Körner und lassen den kräftigsten Sämling stehen. Auch Vorkultur ist möglich. Dafür säen Sie jeweils 2–3 Samen in Töpfchen und lassen das kräftigste Pflänzchen stehen. Vorkultur in Kistchen ist ungünstiger, weil die Wurzelballen hier weniger gut sind.

Gepflanzt wird spätestens Ende Juli. 7 bis 8 Wochen danach anhäufeln, damit die Knollen hell und zart werden, 3 Wochen später noch einmal.

**Ernte und Lagerung:** Einzelne Knollen können meist schon Anfang Oktober in die Küche geholt werden, bei früher Saat (siehe Sortenwahl) auch eher. Die Ernte der Knollen aus Julisaat muß spätestens Ende Oktober beendet sein, damit nichts erfriert. Wenn Sie die Pflanzen mit Wurzeln und Herzblättern im Früh-

# Wurzeln und Knollen

beet oder einer mit sandiger Erde
gefüllten Kiste einschlagen (behelfsmäßig einpflanzen), halten sie
bei Temperaturen von + 1 °C bis
+ 2 °C bis Januar/Februar.

## Schwarzwurzel, Schötzenmiere

Familie Korbblütler. Heimat Mittel-
und Südeuropa, Rußland. Keimdauer 10 Tage. Entwicklungsdauer
von Saat bis Ernte 7½ Monate.
**Inhaltstoffe:** Schwarzwurzeln enthalten reichlich Karotin, Vitamin $B_1$,
$B_2$, $B_{12}$ (Niacin), Mineralstoffe und
Kohlehydrate.
**Verwendungstips:** Schwarzwurzeln
immer zuerst dünn schälen oder
schaben und dann in leicht ge-
säuertes Wasser legen, damit sie
sich nicht verfärben. Sie schmecken
gedünstet mit Bechamelsoße, als
Eintopf mit Sellerie, Möhre, Zwiebel,
Bohnenkraut und Fleischklößchen,
roh gerieben mit etwas Mayonnaise
und Zitronensaft. Schwarzwurzeln
sind leicht verdaulich, nahrhaft und
schonkostgeeignet.
**Erde, Licht, Wärme, Wasser:** Der
Boden muß tiefgründig und locker
sein, damit die Rüben sich gut entwickeln und ohne Bruch geerntet
werden können. Bei Trockenheit
gründlich gießen, zwischen Mitte
Juli und Ende August ist der Wasserbedarf am größten. – Die eigentlich mehrjährige Pflanze wird einjäh-
rig angebaut. Die Wurzeln schmek-

Schwarzwurzeln brauchen lockere Böden.

ken noch im zweiten Jahr, wenn
Blüten gebildet werden.
**Düngung:** Grunddüngung 60 g/m²,
erste Kopfdüngung Anfang bis
Mitte Juni 20 g/m², zweite Kopfdüngung August 20 g/m². Organisch-
mineralische Grunddüngung
100 g/m², Kopfdüngung 40 g/m².
**Sortenwahl:** 'Hoffmanns schwarze
Pfahl', 'Duplex', 'Einjährige'.
**Saat und Pflege:** Säen Sie zum frü-
hestmöglichen Termin 2–3 cm tief
und ziemlich dicht, weil die Keimfä-
higkeit des Gemüses schon nach
einem Jahr relativ gering ist. Beim
Andrücken aufpassen, daß die Sa-
menstäbchen nicht brechen. Später
vereinzeln, so daß in der Reihe alle

# Gemüsekulturen

5–6 cm eine Pflanze steht. Reihenabstand 25–30 cm.

Manchmal bilden sich bereits im ersten Jahr einzelne Blütenstände. Sie werden entfernt, damit die Wurzeln sich besser entwickeln. Auch mehrmaliges Lockern zwischen den Reihen und durchdringendes Gießen bei Trockenheit sind wichtig.

**Ernte und Lagerung:** Wenn die Blätter absterben, können Sie ernten, normalerweise im November. Ausgegrabene Wurzeln nicht herumliegen lassen, sondern verbrauchen oder so rasch wie möglich an geschützter Stelle im Garten in Erde einschlagen und während der kalten Zeit mit Laub oder Reisig abdecken. Von da kann das Gemüse jederzeit nach Bedarf in die Küche geholt werden.

## Kartoffel, Erdapfel

Familie Nachtschattengewächse. Heimat Südamerika. Entwicklungsdauer vom Legen bis zur Ernte ca. 3 Monate bei Frühkartoffeln. Für den normalen Hausgarten kommt nur der Anbau von Frühkartoffeln in Frage.

**Inhaltstoffe:** Kartoffeln enthalten Karotin, Vitamin $B_1$, $B_2$, $B_{12}$ (Niacin), C, Mineralstoffe, Eiweiß und reichlich Kohlehydrate.

**Verwendungstips:** Frühkartoffeln schmecken frisch gekocht oder gehälftet und auf dem Backblech im Backofen gegart nur mit Salz, Kümmel und Butter zu Dickmilch. Dazu die dünnen feinen Schalen mit scharfer Bürste entfernen, »abschrappen« oder mitessen! Für übliche Gerichte wie Kartoffelsalat und -gemüse, als Kartoffelpüree, als Beilage zu Fleischgerichten und Zutat zu bunten Eintöpfen sind die allerersten Knollen fast zu schade. Kartoffeln sind leicht verdaulich.

**Erde, Licht, Wärme, Wasser:** Frühkartoffeln wachsen am besten in vollem Licht in leichter humusreicher Erde, die jedes Frühjahr reichlich mit Kompost versorgt wird. Kartoffelanbau verbessert die Bodenstruktur, schwieriges Unkraut ist nach dem Abräumen kaum mehr zu finden. Natürlich schaffen die Kartoffeln das nicht ganz allein. Sie müssen schon bald aufgehendes Unkraut entfernen (als Mulch liegen lassen), hacken und anhäufeln, sobald die Pflanzen etwa 15 cm hoch sind. Lockern und Anhäufeln sind mehrmals nötig. Anhäufeln fördert Wurzelentwicklung und Standfestigkeit. Staunässe wird nicht vertragen und nur bei extremer Trockenheit muß vor Beginn der Blüte, wenn auch die Knollen anfangen, sich zu entwickeln, gegossen werden. Von diesem Zeitpunkt an wird mehr Feuchtigkeit gebraucht.

**Düngung:** Grunddüngung 90 g/m², Organisch-mineralische Grunddüngung 150 g/m². Nach starken Regenfällen ist Nachdüngung mit 30 g/m² oder 20 g/m² Kalkammonsalpeter zu raten.

Eigene Frühkartoffeln schmecken delikat.

**Sortenwahl:** 'Christa', festkochend, Ernte Anfang Juli; 'Margit', etwas mehlig (aufspringend), Ernte Mitte Juli; 'Jetta', vorwiegend festkochend, Ernte Ende August; 'Sieglinde', speckige Salatkartoffel, Ernte Mitte August; 'Aula', mehlig, Ernte Mitte September.

**Vorkeimen, Legen, Pflege:** Saatkartoffeln bekommen Sie im frühen Frühjahr in landwirtschaftlichen Lagerhäusern, manchmal auch im Garten-Center. Sie werden in Steigen ausgebreitet kühl und luftig aufbewahrt. Grüne Verfärbungen schaden nichts. Gelegt wird nie vor dem 15. April, in ungünstigen Jahren lieber etwas später.

Zum Vorkeimen stellen Sie die Steigen 4 bis 5 Wochen vor dem Legetermin hell und luftig bei + 12 bis 15 °C auf, an entsprechend schönen Tagen auch im Freien. Beim Legen sollen die Keime kräftig, gedrungen und nur etwa 2 cm lang sein. Die Knollen müssen so tief in den Boden wie sie dick sind, die Keime sollen nach oben zeigen. Reihenabstand 70 cm, in der Reihe 30 cm.

**Verfrühung:** Wenn Sie das Kartoffelbeet bis Mitte Mai mit Vlies oder »wachsender« Folie bedecken, bekommen die Pflanzen das nötige Mehr an Wärme. So können Sie die Frühkartoffeln 2 Wochen früher ernten.

**Ernte und Lagerung:** Geerntet werden Frühkartoffeln, wenn sie verblüht sind, das Laub darf noch grün sein. Graben Sie an der kräftigsten Staude vorsichtig nach – wahrscheinlich finden Sie hier die größten Knollen. Holen Sie immer nur, was gleich verbraucht wird, die anderen Knollen können dann noch wachsen.

Frühkartoffeln sind nicht zu längerer Lagerung geeignet, wie späte Kartoffelsorten, die ja, sachgemäß aufbewahrt, den Winter hindurch bis zum Frühjahr frisch bleiben. Bauen Sie deshalb nie mehr an, als Sie mit der Familie bis zum Herbst aufessen können. Wenn die Knollen schlechte Stellen haben und ausgeschnitten werden müssen, ist ihr gesundheitlicher Wert höchst zweifelhaft.

# Gemüsekulturen

## Erbse, Schote

Familie Schmetterlingsblütler mit den Formen **Palerbse (Kneifelerbse, Brockelerbse), Markerbse (Runzelerbse), Zuckererbse.** Alte Kulturpflanze, Heimat Mittelmeerraum, Kleinasien, Vorderasien. Keimdauer 10 Tage. Entwicklungsdauer von Saat bis Erntebeginn Palerbsen 9 bis 10 Wochen, Markerbsen 10 bis 13 Wochen, Zuckererbsen ca. 10 Wochen.

**Inhaltstoffe:** Erbsen enthalten reichlich Eiweiß, Kohlehydrate, etwas Fett, Lezithin, viel Vitamin $B_1$ und $B_2$, Mineralstoffe.

Erbsen am Zaun sehen hübsch aus.

**Verwendungstips:** Zarte Erbsen schmecken in wenig Wasser gedünstet mit frischer Butter und gehackter Petersilie, in bunten Eintöpfen und Gemüsesalaten, als Erbsensalat mit feingeschnittenem Schinken, Petersilie, Joghurt und Zitronensaft. Zuckererbsen, denen die Pergamentschicht in den Hüllen fehlt, können Sie roh oder gedünstet im ganzen verzehren. Palerbsen werden auch als Trockenerbsen weich, Markerbsen nicht. Alle Erbsen sind sehr kalorienreich und nahrhaft.

**Erde, Licht, Wärme, Wasser:** Erbsen sind mit sich selbst ausgesprochen unverträglich und dürfen frühestens nach 4 Jahren auf dem gleichen Platz stehen. Alle anderen Gemüse gedeihen nach Erbsen besonders gut (Stickstoffsammler!). Jeder ordentliche, kalkhaltige Gartenboden ohne Staunässe eignet sich für den Anbau. Nur in vollem Licht gibt es gute Erträge. Der Wasserbedarf ist nicht groß, aber 10 Tage nach Blühbeginn soll bei Trockenheit unbedingt gegossen werden, um Ansatz und Ausbildung der Hülsen zu fördern. Palerbsen brauchen sehr wenig, Mark- und Zuckererbsen etwas mehr Wärme.

**Düngung:** Kompost und Grunddüngung 40–60 g/m², Organisch-mineralische Grunddüngung 60–80 g/m².

**Sortenwahl:** Palerbsen: 'Kleine Rheinländerin', niedrig, früh, ertragreich, 'Feltham First', ähnlich, mit weniger, aber größeren Hülsen,

# Erbsen und Bohnen

8 Tage früher; 'Désirée', blauhülsig.
Markerbsen: 'Progress No. 9',
60 cm hoch, sehr früh; 'Kelvex',
70 cm hoch und früh bis mittelfrüh;
'Nova', 80 cm hoch, mittelfrüh, und
'Markana', 70 cm hoch, mittelspät,
beide durch Ranken weitgehend
selbststützend; 'Sima', Saat Ende
September, Überwinterung, Früh-
ernte.
Zuckererbsen: 'Denise', rundhülsig,
70 cm, Markerbsenkorn; 'Frühe
Heinrich', flachhülsig, 60 cm; 'Zuga',
60 cm, besonders süß, sehr früh
und reichtragend, Markerbsenkorn,
'Nofila', fadenlos, 'Oregon Sugar
Pod', mit Fäden, beide hoch.
**Aufleitung:** Für mittelhohe und hohe Sorten bringt man vor der Saat
im Abstand von 30–35 cm Stützen
aus mit Maschendraht bezogenen
Rahmen an, wenn die Erbsen nicht
an den Zaun gepflanzt werden.
Beizung oder Saatbad mit Bio-S
bzw. Kamillentee oder -extrakt können hilfreich sein, wenn zur Zeit der
Erbsensaat schlechte Keimbedin-
gungen herrschen. Sonst sind sie
nicht unbedingt nötig.
**Saat und Pflege:** Erbsen sind Lang-
tagpflanzen, die nach Mitte Mai zu
blühen beginnen. Sie werden früh
gesät, damit sich bis dahin genug
Blattmasse gebildet hat, ohne die
die Ernte kümmerlich bleibt. Legen
Sie Erbsen in Doppelreihen (hohe
Sorten zu beiden Seiten der Stützen) 5–6 cm tief in den Boden, damit die Vögel nicht heran können.
Der Reihenabstand beträgt 35 cm,
der Abstand von Korn zu Korn in
der Reihe 4–5 cm. Damit die Pflänzchen fest stehen und nicht kippen,
häufelt man an, sobald sie 10 cm
hoch sind.
**Ernte und Lagerung:** Palerbsen
können als Grün- oder Trockener-
sen geerntet werden, Mark- und
Zuckererbsen nur als Grünerbsen.
Man lernt rasch, den richtigen Zeitpunkt fürs Pflücken abzupassen.
Die Erbsenkörner sollen nicht zu
klein, aber noch zart, süß und saftig
sein. Zuckererbsen, immer im Ganzen mit Hülsen zu essen, holt man,
wenn die Körner noch klein sind.
Lagerung grüner Erbsen ist nur für
wenige Stunden im kühlen Raum
oder im Gemüsefach des Eis-
schrankes möglich.

## Bohnen

Familie Schmetterlingsblütler. Heimat Südamerika, nur in Kultur bekannt. Keimdauer 4 bis 10 Tage.
Entwicklungsdauer von Saat bis
Erntebeginn 2½ bis 3 Monate. Ern-
tedauer bei Buschbohnen wenige
Wochen, bei Stangen- und Feuerbohnen den Sommer über.
**Inhaltstoffe:** Grüne Bohnen enthalten reichlich Vitamin C und viele Mineralstoffe. Das in rohen Bohnen
enthaltene gesundheitsschädliche
Glykosid Phasin wird durch Kochen
oder Milchsäuregärung zerstört.
**Verwendungstips:** Bohnen
schmecken im Dampf gegart mit

# Gemüsekulturen

Buschbohnen sollten Sie vorkultivieren.

flüssiger Butter, in Eintöpfen, als Bohnensalat mit Kräuteressig oder Mayonnaise – am besten immer mit Bohnenkraut gewürzt.

**Erde, Licht, Wärme, Wasser:** Bohnen gedeihen in jedem kalkhaltigen, tiefgründigen, humusreichen Gartenboden. Wärme und Windschutz sind wichtig, Temperaturen nahe dem Gefrierpunkt tödlich.

## Buschbohnen, Kruppbohnen

Familie Schmetterlingsblütler. Buschbohnen wachsen und tragen noch im Halbschatten.

**Düngung:** Grunddüngung 50 g/m², Kopfdüngung bei Blühbeginn 30 g/m². Bei anhaltend nassem und kühlem Wetter zusätzlich 20 g/m² Kalkammonsalpeter. Organisch-mineralische Grunddüngung 60–80 g/m².

**Sortenwahl:** 'Solores', 'Dufrix', 'Saxa', 'Delinel', 'Marona', 'Primel'; 'Cropper Teepee', 'Maxi', beide Gluckentyp (über dem Laub hängende Hülsen); 'Purple Teepee', 'Royal Burgundy', beide dunkelviolett, grünkochend; 'Canadian Wonder', rot, 'Kidney', rot, 'Facta', weiß, als Trockenbohnen gut; Wachsbohnen mit gelben Hülsen sind 'Hildora', 'Erato'.

**Saat und Pflege:** Damit sie bei ungünstigem Wetter nicht faulen, anstatt zu keimen, werden Bohnen für Freilandsaat manchmal mit Bio-S bzw. Kamillentee oder -extrakt gebeizt oder gebadet (Seite 40) und danach je 5 in 2–3 cm tiefe Löcher gelegt. Abstand 50 × 40 cm. Oft noch besser und sicherer ist Vorkultur in Töpfchen und späteres Auspflanzen mit Ballen. Legen Sie Mitte April je 5 Bohnen 2 cm tief in zur Hälfte mit Erde gefüllte 8–10-cm-Töpfchen. Erst nach der Keimung bis obenhin auffüllen. Sobald die Bohnen etwa 12 cm hoch sind, werden sie nach draußen gepflanzt, Abstand 50 × 40 cm. Während des Wachstums bei jedem Durchziehen leicht anhäufeln, damit die Pflanzen nicht umkippen und sich mehr Wurzeln bilden. Folienschutz durch Tunnel, Vlies oder »wachsende« Folie ist für die erste Saat oder Pflanzung günstig und kann bei rauhem Wetter bis Anfang oder Mitte Juni liegen bleiben. Spätere Folgesaaten sind noch bis zum 10. Juli möglich. Dann müssen Sie nicht mehr beizen oder vorkultivieren.

## Stangenbohnen

Familie Schmetterlingsblütler. Stangenbohnen brauchen volles Licht und dürfen während der Blühperiode nie trocken stehen, aber auch nicht bei stauender Nässe.

**Düngung:** Grunddüngung 60 bis 70 g/m², erste Kopfdüngung bei Blühbeginn 25 g/m² Kalkammonsalpeter, zweite Kopfdüngung nach erster Pflücke 25 g/m² Kalkammonsalpeter. Organisch-mineralische Grunddüngung 60–80 g/m², Kopfdüngung 60–80 g/m².

**Sortenwahl:** 'Perle von Marbach', 'Markant', früh; 'Neckarkönigin', 'Sabrina'; 'Blauhilde', blau, grünkochend; Wachsbohnen mit gelben Hülsen sind 'Neckargold', 'Goldelfe'; Stangenbohnen mit feinen Buschbohnenhülsen: 'Bertina', 'Markant'.

**Aufleitung:** Zur Aufleitung brauchen Sie 2–3 m hohe Stangen aus Metall, z. B. Welldraht, oder aus mit pflanzenunschädlichen Mitteln imprägniertem Holz. Unbedingt **vor** der Saat stecken! Abstand 100 × 60 cm, am Zaun 100 cm.

**Saat, Pflanzung, Pflege:** Auch Stangenbohnen lassen sich in Töpf-

Stangenbohnen brauchen volles Licht.

chen vorziehen (6–8 Korn im 10-cm-Topf) und an die Stangen pflanzen. Draußen muß schwerer Boden mit Torf und Kompost verbessert werden, bevor Sie je Stange 6–8 gebeizte Bohnen im Halbkreis 3 cm tief stecken, weil sonst die Keimung ungenügend ist. Humoser, nicht zu schwerer Boden ist aber auch für Pflanzbohnen wichtig.

Aussaat von Stangenbohnen ist bis Ende Juni möglich. Wichtige Pflegemaßnahmen sind flache Bodenlockerung, durchdringendes Gießen bei Trockenheit und Aufbinden herunterhängender Triebe.

Feuerbohnen heißen auch Blumenbohnen.

## Feuerbohne, Prunkbohne, Blumenbohne, Arabische Bohne

Familie Schmetterlingsblütler. Heimat wahrscheinlich Mexiko. Feuerbohnen sind widerstandsfähiger gegen kühles Wetter und Wind, gegen Krankheiten und Schädlinge als Busch- und Stangenbohnen. Trockene Hitze vertragen sie nicht gut. Die Hülsen fühlen sich in rohem Zustand rauh an, schmecken aber, rechtzeitig geerntet, zart und aromatisch.

Die Entwicklungszeit ist etwas länger als bei anderen Gartenbohnen, deshalb nur bis Anfang Juni säen.

**Düngung:** Wie bei Stangenbohnen.

**Sortenwahl:** 'Preisgewinner' rotblühend mit Fäden; 'Butler', 'Polestar', rotblühend ohne Fäden; 'Desirée', weißblühend, ohne Fäden; 'Hammonds Dwarf Scarlet', 25 cm hoch, rotblühend und fadenlos.

**Aufleitung:** Abstand der Stangen 110 × 80 cm.

**Saat und Pflege:** Legen Sie je Stange halbkreisförmig 5 Korn 3 cm tief. Pflegemaßnahmen wie bei Stangenbohnen.

**Ernte und Lagerung:** Bei allen beschriebenen Bohnenarten erntet man die Hülsen, wenn sie gut ausgebildet, die Bohnenkerne von außen aber noch nicht sichtbar sind. Damit die Pflanzen nicht verletzt werden, ungestört weiter blühen und ansetzen, kneifen Sie die Stielchen der Hülsen mit dem Daumennagel ab, statt zu reißen. Lagerung ist nur über wenige Tage im Gemüsefach des Eisschranks möglich. Bohnen können aber sterilisiert oder nach kurzem Blanchieren eingefroren werden. Das unentbehrliche Bohnenkraut konservieren Sie am besten gleich mit.

## Sojabohnen

Familie Schmetterlingsblütler. Nur in Kultur bekannt, gehört zu den ältesten Kulturpflanzen überhaupt und wird in der Mandschurei seit Jahrtausenden angebaut. Keimdauer 7 bis 12 Tage. Entwicklungsdauer von Saat bis Ernte reichlich 3 Monate.

**Inhaltstoffe:** Sojabohnen enthalten reichlich Vitamin C, Karotin, Vitamin $B_1$, wertvolle ungesättigte Fettsäuren, viel Eiweiß.

# Erbsen und Bohnen

**Verwendungstips:** Die grünen Hülsen müssen 10 bis 15 Minuten in wenig Wasser garen, damit sich die Kerne herausholen lassen. Sie schmecken »pur«, als Beilage zu Reis, mit Mayonnaise angemacht oder im Eintopf. Getrocknete Bohnen müssen eine Nacht lang eingeweicht und dann im Einweichwasser gar gekocht werden. Verwendung wie Gemüsebohnen. Sojabohnen sind von hohem gesundheitlichen Wert, aber auch sehr kalorienreich.

**Erde, Licht, Wärme, Wasser:** Anbau ist in jedem humusreichen, kalkhaltigen Gartenboden möglich. Das Beet muß viel Sonne bekommen und windgeschützt liegen. Notfalls können Sie künstlichen Windschutz schaffen – durch zwischen Latten ausgespannte Sackleinwand beispielsweise. In rauhen Lagen ist Mulchpapier, -folie oder -vlies als Unterlage zu empfehlen. Nach dem Anwurzeln wird relative Trockenheit besser ertragen als zu große Nässe. Sojas sind in vieler Hinsicht etwas Besonderes: sie gedeihen noch besser, wenn sie mehrere Jahre nacheinander auf dem gleichen Beet wachsen.

**Düngung:** Grunddüngung 50 g/m². Organisch-mineralische Grunddüngung 80 g/m². Wenn die Pflanzen bei kühlem Wetter und nach starkem Regen gelblich aussehen und nicht wachsen wollen, hilft eine Kopfdüngung von 20 g/m² Kalkammonsalpeter oder bei Organisch-mineralischer Düngung von 40 g/m².

**Sortenwahl:** Nur wenige Sorten bringen in unserem Klima befriedigende Erträge. Im Fachhandel werden 'Gieso' und 'Maple Arrow' geführt.

**Saat, Pflanzung, Pflege:** Ab 20. Mai können Sie Sojas ins Freie säen, 3 cm tief, Abstand 20 × 20 cm. Besser ist Vorkultur in Töpfchen und Auspflanzen mit Topfballen. Dafür legen Sie die Samen zwischen 15. und 20. April einzeln in 8-cm-Töpfchen, nachdem sie 24 Stunden in lauwarmem Wasser vorquellen konnten. Töpfchen bei + 18 °C bis + 20 °C und ab Keimung sehr hell aufstellen. Nach 4 Wochen pflanzen, Abstand wie bei der Saat. Bei Saat oder Pflanzung auf Mulchbedeckung müssen die Öffnungen vorher als kleine Kreise (ca. 4 cm Durchmesser) ausgeschnitten wer-

Sojabohnen stammen aus Ostasien.

# Gemüsekulturen

den. – In Trockenzeiten gießen, bei Anbau ohne Mulchbedeckung organisch mulchen oder ab und zu zwischen den Reihen flach lockern.

**Ernte und Lagerung:** Gemüse-Sojas nimmt man ab, wenn die Hülsen noch grün oder höchstens ganz leicht gelblich und die Bohnen darin als deutliche Verdickungen zu erkennen sind.

Trockenbohnen ernten, sobald die Hülsen pergamentartig trocken sind, die Kerne fallen sonst aus. Grüne Sojabohnen müssen frisch verbraucht, trockene können über Winter aufbewahrt werden.

## Puffbohne, Saubohne, Dicke Bohne

Familie Schmetterlingsblütler. Alte Kulturpflanze, eine Wildform ist nicht bekannt. Keimdauer 10 bis 14 Tage, Entwicklungsdauer von Saat bis Erntebeginn 8 bis 10 Wochen.

**Inhaltstoffe:** Ähnlich wie bei Erbsen.

**Verwendungstips:** Die weichen Bohnenkerne, aus den noch grünen Hülsen ausgemacht, schmecken in wenig Wasser gegart mit angebratenen Speck- und Zwiebelwürfeln, als deftiger Bohneneintopf mit Kartoffeln und durchwachsenem Schweinefleisch oder im bunten Gemüseeintopf – immer mit Bohnenkraut gewürzt. In Italien ißt man die weichen Kerne auch roh als Nachtisch.

**Erde, Licht, Wärme, Wasser:** Puffbohnen wachsen in jedem ordentlichen Gartenboden. Die Pflanzen vertragen leichten Frost, sind aber ziemlich empfindlich gegen Bodentrockenheit und trockene Luft und bekommen dadurch leicht Läuse (schwarze Bohnenlaus).

**Düngung:** Grunddüngung 50 bis 60 g/m², Kopfdüngung wenn Pflanzen handhoch 20–30 g/m². Organisch-mineralische Grunddüngung 60–80 g/m², Kopfdüngung 40 g/m².

**Sortenwahl:** 'Con Amore', 'Hangdown', 'Dreifach Weiße'.

**Saat und Pflege:** Puffbohnen bringt man in den Boden, sobald er aufgetaut und leicht abgetrocknet ist. Reihenabstand 50 cm. Alle 20 cm werden 2 Körner 3 cm tief gelegt, nach der Keimung bleibt die kräftigste Pflanze stehen. Sie können auch Ende Februar/Anfang März in Kistchen oder Töpfchen säen und später auspflanzen.

Lockern des Bodens, Anhäufeln und Gießen bei Trockenheit sind wichtige Pflegearbeiten.

**Ernte und Lagerung:** Die Hülsen werden grün gepflückt, wenn die Kerne gut ausgebildet, aber noch weich und milchigweiß sind (bei 'Hangdown' bleiben sie grün). Lagerung ist nur für wenige Stunden im Gemüsefach des Eisschranks möglich.

## Tomate, Liebesapfel, Paradeiser

Familie Nachtschattengewächse. Heimat Peru und Ekuador, uralte Kulturpflanze. Keimdauer 10 bis 14 Tage. Entwicklungsdauer von Pflanzung bis Erntebeginn 8 bis 10 Wochen.

**Inhaltsstoffe:** Tomaten enthalten Karotin, Vitamin $B_1$, $B_2$, $B_{12}$ (Niacin), Mineralstoffe, Fruchtsäuren und Zucker.

**Verwendungstips:** Tomaten können Sie frisch gepflückt wie Äpfel essen, als Salat anmachen, als Suppe zubereiten, mit Fleischfüllung, als Schmorgemüse mit Paprika, Gurken und Zucchini. Tomaten schmecken in jedem Gemüseeintopf und lassen sich im ganzen (Cocktailtomaten) oder zerschnitten zur Verzierung bunter Platten verwenden.

Sie sind ausgesprochen kalorienarm und deshalb auch Diabetikern und Übergewichtigen ohne Einschränkung erlaubt.

**Erde, Licht, Wärme, Wasser:** Tomaten brauchen tiefgründigen, gut mit Humus versorgten Boden, einen sonnigen, warmen, geschützten Platz und gleichmäßige Wasserversorgung. Pflanzen in Gefäßen müssen öfter gegossen werden – an heißen Tagen zweimal täglich kontrollieren!

**Düngung:** Grunddüngung 50–60 g/ $m^2$, erste Kopfdüngung 4 bis 5 Wochen nach der Pflanzung 30 g/$m^2$,

# Gemüsekulturen

Niedere Cocktailtomaten im Balkonkasten.

zweite Kopfdüngung 8 bis 9 Wochen nach der Pflanzung 30 g/m², dritte Kopfdüngung Mitte bis Ende August 30 g/m². Organisch-mineralische Grunddüngung 75–100 g/m², Kopfdüngung 75–100 g/m². Tomaten auf Mulchpapier, -vlies oder -folie müssen flüssig nachgedüngt werden, dafür die angegebenen Nährsalzmengen in 10 Liter Wasser lösen. Gefäßpflanzen in Fertigerde brauchen keine Grunddüngung, erhalten aber ab der vierten Woche nach Pflanzung wöchentlich einmal 2–3 g/l. Bei Flüssigdüngung Nachbrausen mit klarem Wasser nicht vergessen!

**Sortenwahl:** Unterschiedlich wie die wildwachsenden Tomaten, von denen sie abstammen, sind auch die Kultursorten. Stabtomaten wachsen hoch oder halbhoch und stämmig, müssen ausgebrochen und aufgeleitet werden. Buschtomaten wachsen buschartig gedrungen, werden nicht ausgebrochen und brauchen nur einfache Stützen (niedere Bambusstäbe, Balkongitter) wie die niedrig wachsenden Cocktail- oder Partytomaten (kleinfrüchtig, reichtragend). Hohe Cocktailtomaten, sog. Spaliertomaten, befestigt man an Stäben oder einem Spalier. »Fleischtomaten« sind besonders saftig und von kräftigem Aroma.

Stabtomaten: ‘Master’, ‘Pyros’, ‘Amfora’ sind Fleischtomaten; ‘Hildares’, ‘Meran’, ‘Matina’ tragen besonders früh.

# Tomaten und Paprika

Buschtomate: 'Hoffmanns Rentita'.
Cocktail- oder Partytomaten:
'Sweet 100', hochwachsend, braucht
in Gefäßkultur 10-Liter-Eimer mit ein
paar Löchern im Boden oder entsprechend große Kübel, ebenso
'Mirabell' mit gelben Früchten;
'Phyra', niedrig, kann zu zweit im
40 cm langen, 18 cm tiefen Balkonkasten und einzeln in einem großen
Topf stehen.

Balkontomaten: 50–60 cm hoch, mit
mittelgroßen Früchten: 'Ranger',
'Patio', 'Balkonstar' pflanzt man in
10-Liter-Eimer. Besonders 'Ranger'
trägt bei guter Nährstoffversorgung,
auch im 15 cm breiten, 15–18 cm
tiefen Balkonkasten. Im 1-Meter-
Kasten finden 4 Pflanzen Platz.

**Saat, Pflanzung, Pflege:** Wenn Sie
keine Jungpflanzen kaufen, säen
Sie zwischen 20. und 30. März in
Saatschalen und stellen sie bei
+22 °C am hellen Fenster oder im
heizbaren Vermehrungsbeet auf.
Sobald es geht, pflanzen Sie einzeln
in kleine 8- bis 9-cm-Töpfchen, halten die Erde feucht und stellen hell,
tagsüber bei +20 °C bis +22 °C,
nachts bei +18 °C bis +20 °C.
Im Frühbeet oder Kleingewächshaus kann schon um den 20. April
gepflanzt werden – dafür müssen
Sie Anfang März säen oder die
Setzlinge beim Gärtner kaufen.
Nachts die Frühbeetfenster mit
Luftpolsterfolie, Matten oder Brettern zudecken. Fürs Kleingewächshaus können Sie ein leichtes Lattengerüst anfertigen, über die Tomaten stellen und mit Vlies, Folie
oder Matten behängen. Kälte schadet, selbst wenn die Temperaturen
noch einige Grade über dem Gefrierpunkt liegen.

**Auf das Beet** sollen Tomaten nie
vor den Eismännern, also erst nach
Mitte Mai. Immer etwas tiefer setzen als sie vorher standen, sie bilden dann mehr Wurzeln, stehen fester und können mehr Nährstoffe
und Wasser aufnehmen. Die Pflanzen gedeihen besonders gut und
bleiben gesünder, wenn Sie auf
Mulchpapier, -vlies oder -folie pflanzen, in Schlechtwetterperioden zusätzlich mit einem Folientunnel
schützen und später mit Folie überbauen. Tomaten im Frühbeet schützen Sie den Sommer über vor
Nässe auf den Blättern, die ihnen
nicht bekommt, durch hochgelegte
Fenster. Gute gleichmäßige Wasserversorgung der Erde ist wichtig!

**Aufleitung:** Schon vor der Pflanzung hoher Tomaten steckt man
Welldrahtstäbe im richtigen Abstand in den Boden. Ihr oberes
Ende wird an einem Gerüst aus
Pfählen und Spanndraht befestigt.
Sie können auch Bindfäden oben
am Draht, unten am Wurzelhals der
Pflanzen befestigen. Jede Tomatenpflanze nach und nach vorsichtig
um den zugehörigen Stab oder die
Schnur legen.
Niedere Tomaten an Bambusstäben
aufbinden, die der Sortenhöhe entsprechen, oder auch am Balkongitter.

# Gemüsekulturen

**Ausgeizen:** Es hat sich bewährt, Stabtomaten eintriebig zu ziehen. Die aus den Blattachseln wachsenden Nebentriebe deshalb jede Woche vorsichtig ausbrechen (ausgeizen). Buschtomaten, Cocktailtomaten und Balkontomaten wie 'Patio' nicht ausgeizen.

**Entspitzen – Entblättern:** Wenn Stabtomaten 5 bis 6 Blütenstände gebildet haben, brechen Sie alle weiteren aus, damit die vorhandenen sich zu Fruchttrauben entwickeln und ausreifen. Auch die untersten Blätter, bis etwa 35 cm über dem Boden, werden dann entfernt, um Pilzkrankheiten vorzubeugen – vor allem, wenn nicht auf Mulchmaterial gepflanzt oder sonst gemulcht wurde. Alle anderen Blätter und die Triebspitze müssen unbedingt erhalten bleiben!

**Ernte und Lagerung:** Tomaten schmecken am besten, wenn sie draußen voll ausreifen konnten. Früchte, die erst leicht gefärbt abgenommen werden, breitet man in flachen Steigen auf Zeitungslagen flach nebeneinander aus. Sie reifen dann bei Zimmertemperatur sogar im Dunkeln nach.

Weil schon leichter Frost Tomaten völlig zerstört, müssen Sie im Herbst **vor dem ersten Frost** entweder alles abnehmen und, soweit nötig, nachreifen lassen oder die Pflanzen mit Folie schützen. Oft folgt ja dem ersten Frost noch einmal schönes, mildes Wetter – dann war diese Arbeit nicht umsonst.

Reife Tomaten lassen sich mehrere Tage im Gemüsefach des Eisschranks lagern.

## Gemüsepaprika

und **Gewürzpaprika (Spanischer Pfeffer, Beißbeere).**
Familie Nachtschattengewächse, Heimat Mexiko. Keimdauer 6 bis 10 Tage. Entwicklungsdauer von Pflanzung bis Erntebeginn 8 bis 9 Wochen.

**Inhaltstoffe:** Paprika enthält Karotin, Vitamin E, $B_1$, $B_2$, $B_{12}$ (Niacin), viel Vitamin C und als einzige Gemüseart in beachtlichem Maß Vitamin P, das Kreislaufstörungen vorbeugt.

**Verwendungstips:** Gemüsepaprika schmeckt frisch gepflückt zu belegten Broten und Butterbrot, als Salat zusammen mit Tomaten und Gurken, geschmort mit Tomaten, Gurken, Zucchini und etwas Zwiebel, mit Fleischfüllung und im Gemüseeintopf. Gewürzpaprika macht Eintöpfe und Fleischspeisen pikant. Er ist sehr scharf – nur wenig zugeben, sonst »speien Sie Feuer«!

**Erde, Licht, Wärme, Wasser:** Paprika braucht reichlich mit Kompost, Torf, verrottetem Mist oder Humobil versorgten Boden, noch mehr Wärme, Sonne und Windschutz als Tomaten und gleichmäßige Wasserversorgung. Wo das Klima rauh ist oder kein geeigneter Platz zur Verfügung steht, pflanzen

Gemüsepaprika braucht Wärme und Sonne.

Sie ins Kleingewächshaus, überbauen mit Folie oder Frühbeetfenstern.

**Düngung:** Grunddüngung 80 g/m², erste Kopfdüngung nach Ansatz der ersten Frucht 30 g/m², zweite Kopfdüngung bei Vollertrag 30 g/m². Organisch-mineralische Grunddüngung 75–100 g/m², Kopfdüngung 75–100 g/m². Pflanzen im Gefäß erhalten etwa ab der 5. Woche nach der Pflanzung wöchentlich 2–3 g/l.

**Sortenwahl:** Gemüsepaprika: 'Bell Boy', 'Yob Wonder', 'Merit', 'Frühzauber', alle grün; 'Puszta Gold', 'Golden Bell', beide gelb; alle Sorten rot abreifend.

Tomatenpaprika: 'Topboy', gelb, 'Topgirl', rot.
Gewürzpaprika: 'De Cayenne', 'Westlandia', beide scharf; 'Festival', mild.

**Saat, Pflanzung, Pflege:** Saattermin ist der 20. März. Die Saatschalen sollen zuerst bei + 22 °C bis + 25 °C, nach der Keimung bei + 18 °C bis + 20 °C und sehr hell stehen. So bald wie möglich einzeln in kleine Töpfchen pikieren, weil ein guter Ballen Anwachsen und Gedeihen fördert. Pflanzung Ende Mai – wenn entsprechend geschützt werden kann auch Mitte Mai – ohne den Ballen zu verletzen. Pflanzabstand 40 × 40 cm, Pflanzung auf

# Gemüsekulturen

Mulchfolie ist günstig. Bei starker Besonnung leicht überbrausen, Boden immer lockerhalten. Wenn die Pflanzen beim Ansatz der ersten Frucht noch sehr klein sind, kneift man diese Frucht besser aus. Haben die Pflanzen gut angesetzt, wird mehr Wasser gebraucht. Gemüsepaprika können auch in 25-cm- bis 30-cm-Töpfen stehen, der Gewürzpaprika 'Festival' braucht nur einen 12-cm- bis 14-cm-Topf. Stellen Sie die Gefäße auf Terrasse oder Balkon, im Zimmer kommt es leicht zu Läusebefall.

**Stützen und Anbinden:** Voll tragende Paprika brauchen Stützen, man bindet die einzelnen Triebe an Stäbe. Vorsicht beim Aufbinden, damit nichts abbricht.

**Ernte und Lagerung:** Gemüsepaprika wird geerntet, sobald die

Gewürzpaprika »brennnt wie Feuer«.

# Gurken und Zucchini

Früchte ausgewachsen, je nach Sorte grün oder gelb, aber noch nicht rot sind. Gewürzpaprika kann grünreif oder rotreif abgenommen werden.

Lagerung ist nur für wenige Tage im Gemüsefach des Eisschranks möglich.

## Gurken

Familie Gurkengewächse. Heimat tropisches Indien, dort Kletter- oder Kriechpflanze. Keimdauer 6 Tage. Entwicklungsdauer von Pflanzung bis Erntebeginn ca. 6 Wochen.

**Inhaltstoffe:** Gurken enthalten außer Mineralstoffen Vitamine in sehr geringen Mengen.

**Verwendungstips:** Gurken schmekken roh ohne Zutaten in Scheiben geschnitten zum Brot, als Salat mit Dill und anderen Kräutern, geschmort mit pikanter Fleischfülle, in Kräuteressig eingelegt und sterilisiert. Für Bergtouren sind frische Gurken das beste »Getränk«.

**Erde, Licht, Wärme, Wasser:** Gurken wachsen am besten in warmem, lockerem, humusreichem Boden. Sie brauchen viel Wärme, Sonne, Windschutz und ausgeglichene Wasserversorgung, vertragen also weder Nässe noch Trokkenheit. Temperiertes (abgestandenes) Wasser bekommt besser als kaltes direkt aus der Leitung. Stallmist – Pferdemist im Herbst oder Kuhmist im Frühjahr – flach in den Boden eingebracht, ist für Gurken durch nichts zu ersetzen. Wo er fehlt, geben Sie Kompost.

**Düngung:** Neben Stallmist, Kompost oder Oscorna Animalin als Grunddüngung 40 g/m², erste Kopfdüngung Ende Juni 30 g/m², zweite Kopfdüngung Ende Juli 20 g/m². Organisch-mineralische Grunddüngung 60–80 g/m², Kopfdüngung 20–40 g/m².

**Sortenwahl:** Durch ungünstige Kulturbedingungen (zu kühles Wetter, zu große Nässe) werden Gurken bitter. Viele Neuzüchtungen sind aber in dieser Hinsicht recht widerstandsfähig.

Jungfernfrüchtige (parthenokarpe) Sorten (auf Samentüte vermerkt) von anderen getrennt anbauen! Einlegegurken: 'Hok', 'Tamara', beide mehltauresistent; 'Mepram', 'Parmel', 'Bidretta'; 'Bush Champion' (auch für Kübel!).

Salatgurken: 'Burpless Tasty Green', 'Paska', 'Tanja', 'Marketmore', 'Jazzer', 'Sprint'.

Hausgurke für Kleingewächshäuser: 'Bella', mehltauresistent, 'Sandra'. Auch Freiland- und Kastengurkensorten können im Gewächshaus gepflanzt werden.

**Saat, Pflanzung, Pflege:** Freilandgurken dürfen Sie ab Mitte Mai gleich an Ort und Stelle säen, eine Reihe auf die Beetmitte, 3–4 Körner im Abstand von 30 cm. Nach der Keimung bleiben die zwei kräftigsten Pflanzen stehen. Sie können auch in Töpfchen vorkultivieren. Fül-

# Gemüsekulturen

len Sie dafür Anfang Mai 8-cm- oder 9-cm-Töpfchen zur Hälfte mit Erde, legen je 2 Körner 2 cm tief und stellen bei 22 °C–25 °C auf. Nach der Keimung die schwächere Pflanze entfernen, den Topf mit Erde auffüllen. Kasten- und Gewächshausgurken genauso vorziehen.

Um bei Gewächshausgurken große Ausfälle durch Welkekrankheiten zu vermeiden, können Sie beim Gärtner veredelte Gurkenpflanzen – am Besten mehltauresistente Sorten – beziehen. Diese Gurken stehen auf einer robusten Kürbisunterlage, deren Wurzeln nicht krank werden. Gepflanzt wird, wenn 2 bis 3 richtige Blätter – nach den Keimblättern – ausgebildet sind, nicht später, weil Gurken in diesem Stadium am besten anwachsen. Den Wurzelballen nicht beschädigen! Kasten- und Hausgurken in der ersten Zeit nach der Pflanzung leicht schattieren.

Der Boden soll feucht, aber nicht naß sein. Die Luft hält man bei dieser Tropenpflanze durch feines Sprühen oder leichtes Überbrausen feucht – nur bei hohen Temperaturen und immer einige Stunden vor dem Abend, damit die Blätter vor der Nacht abtrocknen und keine Pilzkrankheiten bekommen.

**Schnitt:** Freilandgurken werden überhaupt nicht geschnitten, bei Kastengurken nimmt man nur weg, was über den Kastenrand wächst. Bei Hausgurken ist das anders. Bis zu einer Höhe von 80 cm werden alle Seitentriebe und Stammfrüchte

entfernt. Danach läßt man bis zum oberen Draht 4 bis 5 Stammfrüchte (sie sitzen direkt am Haupttrieb). Wenn der Haupttrieb den Spanndraht erreicht hat, köpft man ihn. Sehr bald entwickeln sich Seitentriebe, an denen jeweils 1–2 Blätter und 1–2 Früchte verbleiben. Kranke und welke Blätter entfernen, sonst nur einzelne große Blätter am oberen Pflanzenende, die zu viel Licht nehmen.

**Anbau mit Folie:** Gurken bringen im Freien um ein Drittel höhere Erträge und eine Woche früher bereits fertige Früchte, wenn sie auf Mulchpapier, -vlies oder -folie angebaut werden. Bei dieser Anbauweise muß die ganze Düngermenge vor dem Verlegen in den Boden.

Bei naßkaltem Wetter im Mai/Juni kann zusätzlich ein Folientunnel aufgestellt werden. Lüften nicht vergessen – abnehmen, sobald es wärmer ist!

**Aufleitung:** Hausgurken werden immer aufgeleitet, aber auch bei Freilandgurken draußen und im Kleingewächshaus bringt Aufleitung an Maschendraht beachtlichen Mehrertrag. Sie lassen sich zudem leichter pflücken und verschmutzen nicht.

Schlagen Sie in 2,50–3 m Abstand Pfähle ein, ziehen in 1 m Höhe einen Spanndraht und befestigen grobmaschiges Drahtgewebe daran. Die Pflanzen und Triebe müssen in der ersten Zeit hochgeleitet und mit Bast oder Nelkenringen locker be-

# Gurken und Zucchini

durchgehen und alles schneiden, was die richtige Größe hat. Essen Sie Gurken möglichst frisch, heben Sie sie nie zusammen mit Obst und länger als 3 bis 4 Tage im Gemüsefach des Eisschranks auf – wenn Sie sie nicht sowieso gleich einlegen wollen.

Eine Frucht der Gewächshausgurke 'Bella'.

# Gemüsekulturen

## Riesenkürbis und Zucchini

Familie Gurkengewächse. Alte Kulturpflanze, Heimat nördliches Mittelamerika und südliches Nordamerika. Keimdauer 5 bis 8 Tage. Entwicklungsdauer von Saat bis Erntebeginn 8 bis 10 Wochen.
Zu den Gartenkürbissen gehören auch Patisonkürbis und Spaghettikürbis.

**Inhaltstoffe:** Kürbis und Zucchini enthalten Karotin und andere Vitamine, dazu etwas Mineralstoffe.

**Verwendungstips:** Riesenkürbisse werden in Stückchen geschnitten als Gemüse gekocht oder als süßsaures Kompott. Zucchini und Patisonkürbis eignen sich roh für Salate zusammen mit Tomaten und Paprika, geschmort für Gemüseein-

Noch ist der Riesenkürbis nicht fertig.

töpfe, Zucchini auch zum Füllen. Spaghettikürbis können Sie für alle Spaghettigerichte verwenden. Der Kürbis muß zuerst im ganzen etwa 30 Minuten in Wasser gekocht und dann aufgeschnitten werden. Die »Pflanzenspaghetti« holen Sie bequem mit einem Löffel aus der Schale.

**Erde, Licht, Wärme, Wasser:** Kürbis und Zucchini gedeihen nur in humusreichen, warmen Böden an besonnter Stelle gut. Komposthaufen und Hügelbeet sind deshalb für die Pflanzung besonders geeignet. Zucchini und Patisonkürbis wachsen auch in geräumigen Gefäßen mit etwa 10–15 Liter Inhalt je Pflanze und 25–30 cm Tiefe.

**Düngung:** Grunddüngung 60–80 g/m². Organisch-mineralische Grunddüngung 60–80 g/m², Kopfdüngung 20–40 g/m². Auf dem Komposthaufen wachsen und fruchten Zucchini nach unserer langjährigen Erfahrung auch ohne alle mineralische Düngung üppig.
Gefäßpflanzen brauchen ab der 4. Woche nach dem Einsetzen regelmäßig einmal wöchentlich Flüssigdüngung mit 3 g/l, wenn Sie nicht in guten Kompost pflanzen und AZ-Dünger geben.

**Sortenwahl**

Riesenkürbis: 'Gelber Zentner', 'Riesen-Melonen', feiner Geschmack, Gewicht bis 50 kg.
Zucchini: 'Diamant', 'Ambassador', grün; 'Black Jack', schwarzgrün; 'Gold Rush', goldgelb.

Patisonkürbis: 'Custard White'.
Spaghettikürbis: 'Vegetable Spaghetti', gelb.

**Saat, Pflanzung, Pflege:** Ab Mitte Mai können Sie alle genannten Arten und Sorten gleich an Ort und Stelle legen, 2–3 Korn 3 cm tief. Abstand für Zucchini und Patisonkürbis 80 × 80 cm, für Riesen- und Spaghettikürbis 100 × 100 cm. Ratsam ist das aber nur, wenn ein Komposthaufen zur Verfügung steht oder ein mit schwarzem Mulchpapier, -vlies oder -folie geschütztes Beet.

Besonders in rauhem Klima ist Vorkultur in 9-cm-Töpfchen (s. S. 104) mit Saat Mitte bis Ende April besser, weil die Samen bei naßkaltem Wetter oft faulen oder zerfressen werden. Stellen Sie bei + 20 °C und nach der Keimung sehr hell auf. Ende Mai/Anfang Juni wird gepflanzt, Abstand wie bei der Freilandsaat angegeben. Bei trockener Wärme muß reichlich gegossen werden. Unkrautbekämpfung ist nur in der ersten Zeit nötig, später kommt nichts mehr gegen die tropische Wuchskraft von Kürbis und Zucchini an.

**Ernte und Lagerung:** Zucchini brechen Sie vorsichtig am Stielansatz ab, sobald sie 15–25 cm lang sind, Patisonkürbis, wenn sie einen Durchmesser von 15 cm haben. Spaghettikürbis erntet man, wenn sie ungefähr Handballgröße haben, Zentner- oder Riesenkürbis erst im Herbst, wenn sie ihrem Namen Ehre

Zucchini bringen wochenlang Früchte.

machen, der Stiel zu schrumpfen beginnt und die Schale knackt, sobald sie mit dem Fingernagel etwas eingedrückt wird. Riesenkürbisse können kühl und frostfrei für mehrere Wochen gelagert werden, alle anderen Arten nur wenige Tage. Ein Riesenkürbis kann auch nach altem, fast vergessenem Brauch ausgehöhlt, die dicke Schale mit Augen-, Mund- und Nasenöffnungen versehen werden. Wenn Sie ein brennendes Licht hineinstellen, haben Ihre Kinder bestimmt sehr viel Spaß an dem gruslig schönen Gartengespenst.

Zwiebeln brauchen Humus, Licht und Wärme.

## Zwiebel, Küchenzwiebel, Sommerzwiebel, Bolle

Familie Liliengewächse, Heimat Westindien, nur in Kultur bekannt. Keimdauer 10 bis 20 Tage. Entwicklungsdauer bis zur Ernte bei Steckzwiebeln ca. 4 Monate, Pflanzzwiebeln ca. 5 Monate, Säzwiebeln ca. 6 Monate, Frühlingszwiebeln 7 bis 8 Monate.

**Inhaltstoffe:** Zwiebeln enthalten reichlich Karotin, Vitamin $B_1$, $B_2$, C und E, Zucker, ätherische Öle und Mineralstoffe.

**Verwendungstips:** Zwiebeln sind nicht nur unentbehrliche Würze für viele Fleisch-, Fisch- und Gemüsegerichte – sie schmecken auch als Zwiebelgemüse, Zwiebelsuppe mit Fleischbrühe, Pfeffer, Salz, Eigelb, Weißwein und Sahne, mit saurer Sahne und verquirltem Ei auf Hefeteig als Zwiebelkuchen und (die milden großen Gemüsezwiebeln) mit pikanter Fleischfüllung.

**Erde, Licht, Wärme, Wasser:** Zwiebeln gedeihen in allen gepflegten humusreichen Gartenböden an warmem, besonntem, hellem Platz. Gegossen wird nur bei Trockenheit, dann aber gründlich. Die Wurzeln brauchen Wasser, anhaltende Feuchtigkeit auf dem Laub fördert Pilzkrankheiten. Während der Hauptwachstumszeit Mitte Juni bis Anfang August wird am meisten Wasser gebraucht, Trockenheit Ende August und während des September fördert das Ausreifen.

**Düngung:** Grunddüngung 60 g/m², Kopfdüngung Mitte Juni 60 g/m², Organisch-mineralische Grunddüngung 60–80 g/m², Kopfdüngung 20–40 g/m².

**Sortenwahl**

Sä- und Pflanzzwiebeln: 'Bronco' hält im Lager bis März, 'Bronce Age' bis April; 'Piroska', dunkelrot, wohlschmeckend, bis Dezember; 'Stuttgarter Riesen', 'Rjinsburger Lagergold', beide bis ins Frühjahr.

Milde Gemüsezwiebeln: Gut zum Füllen und für Zwiebelgemüse; 'The Kelsae', 'Ailsa Craig', 'Yellow Sweet Spanish', lagerfähig bis Dezember/Januar.

Steckzwiebeln: 'Stuttgarter Riesen',

'Sturon', 'Stunova', alle gelb; 'Piroska', rot; alle lagerfähig bis zur nächsten Ernte.

Wintersäzwiebeln: 'Express Yellow', 'Keep Well', 'Yellow Stone', 'Senshyu Yellow', alle 2–3 Monate lagerfähig; 'Weiße Frühlingszwiebel', zur Ernte Mai/Juni, einige Wochen haltbar.

Wintersteckzwiebeln: 'Presto', 'Taify', beide gelb; 'Romy', rot.

**Saat, Pflanzung, Stecken, Pflege**

Säzwiebeln der richtigen Sorten halten besser im Lager als die früher reifenden Steckzwiebeln. Saat so früh wie möglich, Reihenabstand 25 cm. Nach der Saat können Sie mit Vlies oder »wachsender« Folie abdecken, bis vereinzelt werden muß, Abstand in der Reihe 4–6 cm.

Überwinterungszwiebeln bleiben während des Winters draußen, mit Schutz aus Vlies, Schattierfolie oder Fichtenreisig, und können schon im Mai/Juni geerntet werden. Saat Ende August, Reihenabstand wie oben, Abstand in der Reihe 3 cm.

Pflanzzwiebeln machen mehr Arbeit, beanspruchen das Beet aber kürzer als Säzwiebeln. Saat Ende Februar bis Anfang März ins Frühbeet, Pflanzung 6 Wochen später, Abstand wie bei Säzwiebeln.

Steckzwiebeln sind vor allem dort zu empfehlen, wo das Klima rauh und zeitige Saat deshalb nicht möglich ist. Sie sollen nur haselnußgroß sein, weil es dann am wenigsten Schosser gibt. Wer Steckzwiebeln rechtzeitig einkauft, kann zusätzlich etwas gegen Schosser tun und die Zwiebelchen etwa 4 Wochen bei ca.

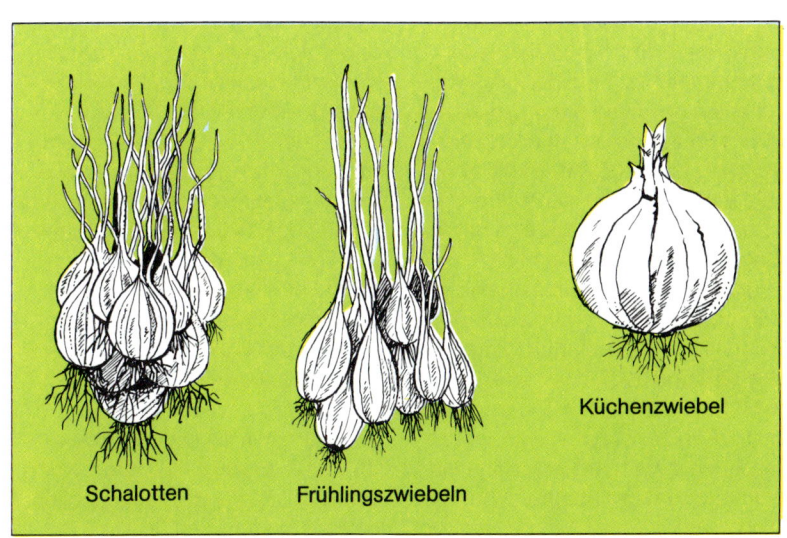

Schalotten  Frühlingszwiebeln  Küchenzwiebel

# Gemüsekulturen

+ 30 °C lagern (darren). Abstände wie bei den Säzwiebeln für Frühjahrssaat.

**Sie können auch selbst Steckzwiebeln heranziehen:** Zeitig im Frühjahr säen, Reihenabstand 15 cm, Saatmenge 15 g/m². Gedüngt wird überhaupt nicht. Im Lauf des Juli kann normalerweise geerntet werden – sobald das Laub abgestorben ist, die Zwiebelchen ausgereift sind. Sie bleiben etwa 2 Wochen zum Trocknen draußen – bei Regenwetter natürlich unter Dach. Wenn Sie sie anschließend bis zum Frühjahr an einem trockenen Platz bei ca. + 18 °C aufbewahren, werden sie kaum Ärger mit Schossern haben.

**Ernte und Lagerung:** Geerntet wird mit der Grabgabel, sobald das meiste Zwiebellaub abgestorben ist. Nachhilfe durch »Umtreten« schadet. Es gibt eine andere, erlaubte und meist erfolgreiche Methode, um in regenreichen Sommern das Abreifen zu beschleunigen – erlaubt aber erst zur normalen Erntezeit! Lockern Sie die Zwiebelwurzeln direkt vor oder hinter der Reihe etwas mit der Grabgabel – nie von beiden Seiten – und heben leicht an. Auch Küchenzwiebeln halten im Winterlager nur, wenn sie gut getrocknet sind. Deshalb zu Zöpfen flechten und aufhängen oder dünn in Steigen ausbreiten, 2 bis 3 Wochen draußen unter Dach nachtrocknen lassen und erst dann ins trockene, luftige, frostfreie Winterlager bringen.

## Porree, Lauch

Familie Liliengewächse. Heimat wahrscheinlich östliches Mittelmeergebiet. Keimdauer 12 bis 14 Tage. Entwicklungsdauer von Saat bis Ernte je nach Sorte zwischen 3 und 4 Monaten.

**Inhaltstoffe:** Porree enthält Karotin, Vitamin E, $B_1$, $B_2$, C und Mineralstoffe.

**Verwendungstips:** Porree schmeckt nicht nur im Gemüseeintopf oder in Fleischbrühe, sondern auch als Lauchgemüse, in Stückchen mit wenig Wasser, Salz und Muskat weich gedämpft, mit etwas Butter und einem Löffelchen in saurer Sahne verrührtem Mehl angedickt.

**Erde, Licht, Wärme, Wasser:** Porree braucht gepflegten humosen Gartenboden, hinterläßt aber auch selbst den Boden in besonders gutem Zustand, weil das dichte Wurzelwerk erst lockert und dann Humus bildet. Er wird oft als Bodengesundungspflanze bezeichnet, alle anderen Gemüsekulturen gedeihen nach Lauch besonders gut. Porree verträgt keine Trockenheit, wohl aber kühles Klima.

**Düngung:** Grunddüngung 50 g/m², erste Kopfdüngung 4 Wochen nach Pflanzung 40 g/m², zweite Kopfdüngung 8 Wochen nach Pflanzung 30 g/m². Organisch-mineralische Grunddüngung 75–100 g/m², Kopfdüngung 75–100 g/m². In reichlich kompostgedüngtem Boden wird

# Zwiebeln und Lauch

Lauch auch ohne andere Nahrung kräftig und dick.

**Sortenwahl**

Frühporree für Pflanzung Ende März bis Anfang April und Ernte Juli/August: 'Titan', 'Bavaria'.

Sommer- und Herbstlauch für Saat Mitte März, Pflanzung Ende Mai, Ernte September bis Dezember: 'Herbstriesen', 'Noël'.

Winterlauch für Saat Ende Juni, Pflanzung Mitte August, Ernte den Winter über bis März: 'Blaugrüner Winter', 'Genita'.

**Saat, Pflanzung, Pflege:** Setzlinge für die erste Pflanzung müssen Sie beim Gärtner kaufen – wenn es welche gibt.

Zur Pflanzung im Mai/Juni können Sie im ungeheizten Frühbeet aussäen, möglichst dünn, damit die Pflanzen sich kräftig entwickeln. Notfalls etwas verziehen.

Porree für Junipflanzung und Herbsternte sät man Mitte April meist gleich an Ort und Stelle, Reihenabstand 30 cm, und vereinzelt später auf 10–15 cm in der Reihe. Aber auch Saat aufs Anzuchtbeet mit späterer Pflanzung ist möglich. Überwinterungsporree zur Pflanzung Mitte August muß Ende Juni gesät werden, Abstand 40 × 15 cm. Blätter und Wurzeln vor dem Pflanzen nicht kürzen!

Damit das untere zarte helle Stück der Lauchstangen schön lang wird, Setzlinge tief, bis zum Blattansatz, in den Boden bringen (5–8 cm tief) und später beim Jäten und Lockern

Porree verträgt auch rauhes Klima gut.

des Beetes anhäufeln. An Ort und Stelle gesäter Porree muß ebenfalls mehrmals angehäufelt werden. Bei Trockenheit gründlich wässern.

**Ernte und Lagerung:** Früher Lauch, Sommer- und Herbstlauch werden nach Bedarf in die Küche geholt und bald verbraucht. Ausgiebiges Abduschen der Stangen mit kaltem Wasserstrahl ist genauso nötig wie das Waschen der fertig geschnittenen Stückchen vor dem Kochen, damit niemandem durch die Erdbeigabe der Appetit vergeht. Das gleiche gilt für den Winterlauch, für den der beste Lagerraum der Garten ist.

# Gemüsekulturen

Schalotten schmecken besonders delikat.

Sie können die Pflanzen allerdings ausgraben, solange die Erde noch nicht gefroren ist und an der Nordseite von Haus oder Garage einschlagen, damit Sie es mit dem Hereinholen im Winter bequemer haben.

## Schalotte, Eschlauch

Familie Liliengewächse. Heimat unbekannt. Entwicklungsdauer vom Legen der Brutzwiebeln bis zur Ernte ca. 4 Monate.

**Inhaltsstoffe:** Ähnlich wie bei der Küchenzwiebel, also viel Karotin, Vitamin $B_1$, $B_2$, C und E, sowie Zukker, ätherische Öle und Mineralstoffe.

**Verwendungstips:** Die feinwürzigen kleinen Zwiebelchen verwendet man zum Einlegen von Gurken, für Fleischspeisen und Soßen.

**Erde, Licht, Wärme, Wasser:** Der Eschlauch wächst in allen humusreichen und gepflegten Gartenböden, am besten an einem warmen, hellen und besonnten Platz. Beim Gießen sollten Sie darauf achten, daß das Laub möglichst schnell wieder abtrocknet, da anhaltende Feuchtigkeit den Pilzbefall fördert. Trockenperioden während der Hauptwachstumszeit im Juli/August sollten durch gründliches Gießen überbrückt werden. Ab Ende August werden die Schalotten dann trockener gehalten – das Ausreifen der Zwiebeln wird dadurch gefördert.

**Düngung:** Grunddüngung 40–50 g/m², Kopfdüngung Anfang Juni 40 g/m². Organisch-mineralische Grunddüngung 60 g/m², Kopfdüngung 60 g/m².

**Sortenwahl:** Schalotten sind bisher nicht züchterisch bearbeitet, es gibt keine Sorten. Sie müssen die Brutzwiebeln im Fachgeschäft kaufen oder im zeitigen Frühjahr bestellen. Später können Sie eigene kleine Zwiebeln stecken.

**Stecken und Pflege:** Die kleinen Brutzwiebeln steckt man im März, Abstand 30 × 15 cm. Wenn das Grün herangewachsen ist, dürfen Sie etwas für die Küche nehmen, aber nicht zu viel, damit die Zwiebeln sich gut entwickeln. Es muß gelockert und bei Trockenheit gegossen werden.

**Ernte und Lagerung:** Im Lauf des Juli stirbt das Laub ab. Dann werden die Zwiebeln herausgenommen – es sitzen immer mehrere, bis zu 15, aneinander – und ungeteilt gelagert bis zum Verbrauch.

Die kleinsten Schalotten heben Sie als »Saatgut« für das kommende Jahr auf.

## Ewige Zwiebel, Winterheckezwiebel, Winterzwiebel, Schnittzwiebel

Familie Liliengewächse. Heimat unbekannt. Keimdauer 10 bis 20 Tage. Entwicklungsdauer von Saat bis Erntebeginn bei Frühjahrssaat 4 Monate, bei Augustsaat $7^1/_2$ Monate.

Winterzwiebeln sind ausdauernd und sehr winterhart.

**Inhaltsstoffe:** Ähnlich wie bei der Küchenzwiebel.

**Verwendungstips:** Das Grün ist recht frosthart und steht deshalb auch in der kalten Jahreszeit einige Zeit zur Verfügung als gesunde frische Würze für alle Fleischspeisen und -soßen, für Suppen und Gemüseeintöpfe.

**Erde, Licht, Wärme, Wasser, Düngung:** Wie bei der Schalotte angegeben.

**Sortenwahl:** Es gibt keine Sorten. Samen bekommen Sie im Fachgeschäft und bei Spezialfirmen.

**Saat und Pflege:** Sie können im März/April oder August aussäen

Winterheckezwiebeln bilden keine eigentlichen Eßzwiebeln, sondern liefern nur Schnittgrün für die Küche. Sie können das ganze Jahr hindurch ernten, da Schnittzwiebelgrün winterfest ist.

# Gemüsekulturen

und die Sämlinge später büschelweise verpflanzen oder in den Reihen verziehen. Abstand 20 × 20 cm beim Verpflanzen, 20 × 10 cm beim Verziehen. Lockerhalten des Bodens und Gießen sind die einzigen Pflegemaßnahmen.

**Ernte:** Das Laub wird nach Bedarf geerntet – nicht zu viel von einer Pflanze, damit sie am Leben bleibt.

## Knoblauch, Knofel, Knobel, Chnöbli

Familie Liliengewächse, Heimat Südwestasien, Entwicklungsdauer vom Legen bis zur Ernte ca. 4 Monate, nach Stecken im Oktober ca. 8 Monate.

**Inhaltsstoffe:** Vitamin A, $B_1$, das zum Vitamin-B-Komplex gehörende Nicotinsäureamid, Vitamin C, Hormone, die ähnlich wie Sexualhormone wirken, außerdem Fermente und ein Stoff mit antibiotischer Wirkung.

**Verwendungstips:** Knoblauch würzt Kartoffel-, Nudel- und Reissalat genau wie alle Fleischgerichte. Weil der Geschmack sehr intensiv ist, genügt es, für Salate die Schüssel mit einer einzigen Zehe auszureiben. Gesund ist eine feingehackte Zehe auf Butterbrot – oder, wenn auch weniger wirksam, Knoblauchgrün. Unter Menschen kann man allerdings die nächsten Stunden danach nicht!

**Erde, Licht, Wärme, Wasser:** Knoblauch braucht tiefgründigen humosen Boden, der leicht und nicht feucht sein soll. Er gedeiht am besten in voller Sonne und entwickelt hier auch die meisten Wirkstoffe. Gießen ist nur bei längerer Trockenheit nötig.

**Düngung:** Bei guter Kompostversorgung braucht Knoblauch keine weitere Düngung.

**Sortenwahl:** Es gibt keine Knoblauchsorten.

**Stecken und Pflege:** Meist legt man die Zehen, mancherorts auch Zinken oder Finger genannt, im April, 4 cm tief. Abstand 20 × 15 cm. Zehen sind Teilzwiebeln der von einer dünnen weißen Haut überzogenen Knoblauchzwiebel.

Da Knoblauch ziemlich frosthart ist, kann er auch im Oktober gesteckt und dann bereits im Frühsommer geerntet werden. Trotz der Widerstandsfähigkeit der Pflanzen ist es gut, während der Wintermonate Vlies oder Fichtenreisig aufzulegen.

**Ernte und Lagerung:** Sobald die Blätter vergilben, die Pflanzen an einem trockenen Tag aus dem Boden nehmen, zwei Tage lang dünn ausgebreitet auf dem Beet oder unter Dach lagern und dann samt Laub bündeln oder zu Zöpfen flechten, die trocken aufbewahrt werden müssen.

So zusammengeflochten werden Knoblauchzehen trocken und hängend aufbewahrt. Knoblauchzehen sind gesund, aber Vorsicht beim Würzen, damit sie nicht zu stark vorschmecken!

# Gemüsekulturen in Kürze

Die jeweiligen Saat-, Pflanz- und Erntetermine sind in Kurzform angegeben. Wenn Sie z. B. lesen »Pflanzung von A. IV.–E. V«, so ist damit die Pflanzzeit von Anfang April bis Ende Mai gemeint. Genauso verhält es sich bei den Saat- und Ernteterminen.

| Kultur | Saatzeit, Anpflanzzeit, Ernte | Besonderheiten |
|---|---|---|
| **Kopfsalat**<br>Seite 53 | Pflanzung von A. IV–A. X, in der Jahreszeit entsprechenden Sorten. Abstand 25 × 25–30 cm, Ernte nach 5–8 Wochen. | Verträgt keine hohen Düngergaben. Muß flach gepflanzt werden. Nässe auf Blättern fördert Pilzkrankheiten. |
| **Eissalat**<br>Seite 54 | Pflanzung von IV–E. VII. Ernte nach ca. 8 Wochen. | Eissalat kann mehrere Tage im Eisschrank gelagert werden. |
| **Pflücksalat**<br>Seite 55 | Saat ab M.–E. IV in Reihen mit 25 cm Abstand. Auf 20 cm in der Reihe verziehen. Ernte ab 6. Woche. | Pflücksalat kann viele Wochen beerntet werden. |
| **Schnittsalat**<br>Seite 56 | Saat ab E. III–A. IV, in Reihen mit 15 cm Abstand ziemlich dicht. Ernte nach 4–5 Wochen, nur einmal. | Gute »Einschiebkultur«. Auch übriger Kopfsalatsamen kann verwendet werden. |
| **Endivie**<br>Seite 56 | Pflanzung M. VII–M. VIII, Abstand 30 × 30 cm oder Saat aufs Beet. Ernte 8–9 Wochen nach Pflanzung. | Flaches Pflanzen ist wichtig. Die neuen Sorten brauchen nicht mehr zusammengebunden zu werden. |
| **Zichorie Zuckerhut**<br>Seite 58 | Saat M.–E. VI aufs Beet, Reihenabstand 35 cm, später auf 35 cm in der Reihe ausdünnen. Ernte M.–E. XI. | Vorsicht beim Ernten, die Blätter brechen leicht. |
| **Radicchio**<br>Seite 58 | Saat der Herbstsorte M. VI, der Wintersorte VII–A. VIII. Ernte der Herbstsorte 4, der Wintersorte 8 Monate später. | Die lockeren Köpfchen halten besser zusammen, wenn Sie ein 2–3 cm langes Stück Wurzel daran lassen. |
| **Chicoree**<br>Seite 59 | Saat A.–M. V gleich aufs Beet, Reihenabstand 40 cm, auf 8–10 cm in der Reihe verziehen. Ernte X/XI. | Vom Chicoree ißt man die Treibsprosse, die aus den geernteten Wurzelrüben wachsen. |

# Gemüsekulturen in Kürze

| Kultur | | Saatzeit, Anpflanzzeit, Ernte | Besonderheiten |
|---|---|---|---|
| **Bindesalat** Seite 61 | | Saat ab M. V aufs Beet, Reihenabstand 35 cm, auf 30 cm in der Reihe verziehen. Ernte nach 10–14 Wochen. | Zu viel Nässe fördert Pilzkrankheiten. Die Sorte »Kasseler« braucht nicht zusammengebunden zu werden. |
| **Feldsalat** Seite 62 | | Saat A. VIII für Herbsternte, E. VIII–A. IX für Winterernte. Ernte nach 3 beziehungsweise 5–6 Monaten. | Blätter dürfen nicht in gefrorenem Zustand geschnitten werden, weil sie sonst zusammenfallen. |
| **Spinat** Seite 63 | | Saat III–V und VIII–A. IX, Reihenabstand 20 cm. Ernte bei Frühjahrs- und Herbstspinat nach 8 Wochen. | Spinat ist mit sich selbst, Mangold und Roten Rüben unverträglich. Nur alle 4 Jahre auf die gleiche Stelle bringen. |
| **Neuseeländer Spinat** Seite 64 | | Saat A. IV in Töpfchen, Pflanzung E. V, in die Beetmitte, Abstand von Pflanze zu Pflanze 50 cm. Ernte nach 3 Monaten. | Neuseeländer Spinat braucht viel Sonne, Wärme, Wasser und Humus. |
| **Mangold** Seite 65 | | Saat E. IV, Abstand 30 × 25 cm. Man legt je 2–3 Samen und läßt 1 Pflanze stehen. Ernte nach 6 Wochen. | Mangold gedeiht nicht nach sich selbst, nach Roten Rüben und Spinat. |
| **Rhabarber** Seite 66 | | »Klumpen« mit Triebaugen X oder III einsetzen. Abstand 1 × 1 m. Ernte ab 2. Jahr, immer nur bis E. VI. | Rhabarber braucht tief gelockertes Land, sehr reichlich Nahrung und Wasser. |
| **Grünspargel** Seite 67 | | Setzen 1jähriger Pflanzen im III/IV, Abstand 100 × 40 cm. Ernte ab 3. Jahr bis A. VI, später bis E. VI. | Grünspargel ist weniger arbeitsaufwendig beiAnbau und Zubereitung als Bleichspargel und schmeckt noch besser. |
| **Blumenkohl** Seite 69 | | Pflanzung von IV–M. VII. Abstand 50 × 40–50 cm. Ernte nach 7–9 Wochen, sobald die Blumen ausgewachsen sind. | Blumenkohl braucht humusreichen, nahrhaften Boden und genügend Dünger und Feuchtigkeit. |

# Gemüsekulturen in Kürze

| Kultur | | Saatzeit, Anpflanzzeit, Ernte | Besonderheiten |
|---|---|---|---|
| **Brokkoli** Seite 71 | | Saat ab M. IV aufs Beet, Abstand 50 × 50 cm, je 3 Körner, 1 Pflanze stehenlassen. Erntebeginn nach 10–12 Wochen. | Brokkoli schmeckt kräftiger als Blumenkohl und kann wochenlang beerntet werden. |
| **Kopfkohl** Seite 72 | | Pflanzung A.–M. IV je nachdem, aber auch später. Abstand Frühkohl 40 × 35 cm, Spätkohl 50 × 50 cm, Ernte nach 9–15 Wochen. | Kopfkohl verträgt rauhes Klima, aber keine Luft- und Erdtrockenheit. |
| **Rosenkohl** Seite 74 | | Pflanzung A.–M. V, Abstand 60 × 50 cm. Erntebeginn nach 18–20 Wochen. | Wenn bis M. IX noch keine Röschen zu sehen sind, Spitzenknospe ausbrechen. Blätter erhalten! |
| **Kohlrabi** Seite 75 | | Pflanzung A. IV–A. VIII, Abstand 30 × 25–30 cm. Ernte nach 8–15 Wochen. | Damit sich schöne Knollen entwickeln können, ist flache Pflanzung wichtig. |
| **Chinakohl** Seite 76 | | Saat M.–E. VII direkt aufs Beet. Abstand 30 × 30 cm. Erntebeginn nach etwa 3 Monaten. | Erdflöhe haben eine Vorliebe für Chinakohl. Feuchthalten der Beete schreckt sie oft ab. |
| **Winterkohl** Seite 78 | | Pflanzung E. VI–E. VII. Abstand 50–40 × 40 cm. Ernte nach 18–20 Wochen. | Winterkohl schmeckt erst richtig nach dem ersten Durchfrieren. Mit Schweinefett zubereiten! |
| **Möhren** Seite 79 | | Saat E. III–A. VII, Abstand 20–25 × 3 cm, Ernte nach $2^1/_2$ bis 4 Monaten. | Möhren in offenen Lagen und in Mischanbau mit Zwiebeln oder Lauch leiden weniger unter der Möhrenfliege. |
| **Rettich** Seite 80 | | Saat E. III–E. VII je nach Sorte. Abstand 25 × 20–25 cm, Ernte nach 8–15 Wochen. | Winterrettiche halten gut im Lager und sind in den kalten Monaten eine Hilfe gegen Erkältungen. |
| **Radieschen** Seite 82 | | Saat von E. III–M. IX, nur 1 cm tief. Abstand 10 × 5 cm. Ernte nach 4–6 Wochen. | Radieschen können im Folienhaus oder anderem Kleingewächshaus noch M. X und schon A.–M. III gesät werden. |

# Gemüsekulturen in Kürze

| Kultur | | Saatzeit, Anpflanzzeit, Ernte | Besonderheiten |
|---|---|---|---|
| **Knollensellerie** Seite 83 | | Pflanzung E. V–A. VI, bei guter Pflege auch bis M. VI. Abstand 40 × 40 cm. Ernte nach ca. 4 Monaten. | Sellerie ist eine gute Vorkultur für andere Gemüse, weil die zahlreichen Wurzeln den Boden gut lockern. |
| **Rote Rüben** Seite 84 | | Saat erst E. VI, damit es keine Schosser gibt, und bis E. VI. Abstand 25 × 10 cm. Ernte nach 4 Monaten. | Rote Rüben sind nicht mit sich, mit Spinat und Mangold verträglich, erst nach 4 Jahren wieder aufs gleiche Land. |
| **Fenchel** Seite 86 | | Saat je nach Sorte E. IV oder A.–M. VII, Abstand 35 × 25 cm. Ernte nach ca. 3¹/₂ Monaten. | Fenchel ist leicht verdaulich und schonkostgeeignet. |
| **Schwarzwurzel** Seite 87 | | Saat sobald der Boden zu bearbeiten ist, recht dicht, Abstand 25–30 × 5–6 cm. Ernte nach 7¹/₂ Monaten. | Schwarzwurzeln sind schonkostgeeignet und schmecken am besten etwas säuerlich angemacht. |
| **Kartoffeln** Seite 88 | | Legen nicht vor M. IV, eher etwas später. Abstand 70 × 30 cm. Ernte der Frühkartoffeln nach 3 Monaten. | Kartoffeln eignen sich gut dazu, schwieriges Unkraut aus dem Boden zu bekommen. |
| **Erbsen** Seite 90 | | Saat von Palerbsen III, von Mark- und Zuckererbsen IV. Abstand 35 × 4–5 cm. Ernte nach 9–13 Wochen. | Erbsen sind nicht mit sich selbst verträglich, aber alle anderen Gemüse gedeihen danach besonders gut. |
| **Buschbohnen** Seite 92 | | Saat am 10. V. oder Pflanzung M. V.–A. VII, Abstand 50 × 40 cm. Ernte nach 2¹/₂ bis 3 Monaten. | Buschbohnen sind wie Erbsen eine gute Vorkultur für andere Gemüse, weil sie Stickstoff anreichern. |
| **Stangen- bohnen** Seite 93 | | Saat am 10. V. oder Pflanzung M. V–M. VI. Abstand 100 × 60 cm, Ernte nach 2¹/₂ bis 3 Monaten. | Stangenbohnen liefern den Sommer über Hülsen für die Küche. |

# Gemüsekulturen in Kürze

| Kultur | | Saatzeit, Anpflanzzeit, Ernte | Besonderheiten |
|---|---|---|---|
| **Feuerbohnen** Seite 93 | | Saat am 10. V.–A. VI, je 5 Korn halbkreisförmig um die Stützstange. Abstand 110 × 80 cm. Ernte wie oben. | Feuerbohnen sind widerstandsfähiger als andere Bohnen und blühen so hübsch wie Zierpflanzen. |
| **Sojabohnen** Seite 94 | | Saat ab 20. V. oder Pflanzung zum gleichen Termin. Abstand 20 × 20 cm. Ernte nach 3 Monaten. | Sojabohnen sind nahrhaft und leicht verdaulich. Die Hülsen im ganzen kochen und dann Kerne auslösen. |
| **Puffbohnen** Seite 96 | | Saat, sobald der Boden zu bearbeiten ist. Abstand 50 × 20 cm. Ernte nach 8–10 Wochen. | Puffbohnen sind etwas für Kenner und Liebhaber deftiger Gerichte. |
| **Tomaten** Seite 97 | | Pflanzung nach den Eisheiligen, ins Frühbeet auch eher. Abstand 60 × 50 cm. Ernte nach 8–10 Wochen beginnend. | Tomatensorten gibt es für jeden Geschmack und auch für Balkon und Terrasse. |
| **Gemüsepaprika Gewürzpaprika** Seite 100 | | Pflanzung E. V, Abstand 40 × 40 cm. Ernte nach 8–9 Wochen beginnend. | Paprika braucht noch mehr Wärme und Sonne als Tomaten. |
| **Gurken** Seite 103 | | Saat ab M. V oder Pflanzung nach den Eisheiligen, 1 Reihe auf die Beetmitte, 30 cm von Pflanze zu Pflanze. Ernte nach 7 Wochen. | Gurken brauchen organischen Dünger und sind gegen hohe Nährsalzgaben empfindlich. |
| **Riesenkürbis Spaghettikürbis** Seite 106 **Zucchini Patisonkürbis** Seite 107 | | Pflanzung oder Saat M. V, Abstand 100 × 100 cm. Ernte nach 5–6 Monaten, Spaghettikürbis nach 8–10 Wochen. Saat oder Pflanzung M. V, Abstand 80 × 80 cm. Ernte nach 8–10 Wochen. | Riesenkürbisse werden heute wenig angebaut, obwohl sie gut zu lagern sind. Spaghettikürbis, Zucchini und Patisonkürbis tragen den ganzen Sommer hindurch bis zum Frost. |
| **Zwiebeln** Seite 108 | | Saat so früh wie möglich, Abstand 25 × 5 cm, Überwinterungszwiebeln Saat E. VIII. Ernte nach 4–8 Monaten. | Säzwiebeln halten besser im Lager als Steckzwiebeln, die aber rascher fertig sind. |

# Gemüsekulturen in Kürze

| Kultur | | Saatzeit, Anpflanzzeit, Ernte | Besonderheiten |
|---|---|---|---|
| **Porree** Seite 110 | | Pflanzung V/VI, Abstand 30 × 15 cm. Winterporree M. VIII, Abstand 40 × 15 cm. Ernte nach 3–4 Monaten. | Porree ist eine Boden-gesundungspflanze. Er gedeiht noch in rauhem Klima, in dem Zwiebeln versagen. |
| **Schalotten** Seite 112 | | Stecken im März, Abstand 30 × 15 cm. Ernte nach 4 Monaten. | Schalotten haben ein be-sonders feines Aroma. |
| **Winterhecke-zwiebeln** Seite 113 | | Saat im III/IV oder VIII, Abstand 20 × 10–20 cm. Ernte nach 4 Monaten. | Das Grün dieser Zwiebel läßt sich auch im Winter verwenden. |
| **Knoblauch** Seite 114 | | Stecken der Zehen im IV, Abstand 20 × 15 cm, Stek-ken auch im X möglich. Ernte nach 4–8 Monaten. | Knoblauch schmeckt nur in Spuren gut. Er ist sehr gesund. Anbau auf sonni-gem, warmem Beet nötig. |

# Bezugsquellen

**Fast alle aufgeführten (Hilfs-)Mittel und Geräte sind im Fachhandel erhältlich oder über den Fachhandel zu bestellen. Diese Liste soll nur als Hilfestellung dienen und erhebt keinen Anspruch auf Vollständigkeit.**

**Saatgut**
Julius Wagner GmbH
Eppelheimer Straße 18–20
6900 Heidelberg

Hild Samen GmbH
Kirchenweinbergstraße 115
7142 Marbach/Neckar

Carl Sperling GmbH + Co
Hamburger Straße 27
2120 Lüneburg

**Sämaschinen**
Sembdner GmbH
Sembdnerstraße 1
8034 Germering

**Grünspargel**
Dr. Willi Billau
Römerstraße 62
6840 Lampertheim

Spargelhof Gast
2411 Alt-Mölln

**Rinden- und Holzfasersubstrate**
Ökohum GmbH
Obere Bergenstraße 8
7944 Herbertingen

**Dünge- und Pflanzenschutzmittel**
W. Neudorff GmbH KG
An der Mühle 3, 3254 Emmerthal 1

Oscorna GmbH
Erbacher Straße 41
7900 Ulm

**Nützlinge**
Sautter und Stepper
Rosenstraße 19, 7403 Ammerbuch

W. Neudorff GmbH KG (siehe oben)

**Schneckenzäune**
Biomarkt Keller
Konradstraße 17, 7800 Freiburg

Ing. Thomas Pfau
Juchstraße 27, CH-8116 Würenlos

**Kastenzangen, Fensterhalter**
Karl Martin Seidel
Bahnstraße 31
4155 Grefrath bei Krefeld

**Frühbeetfenster (auch selbst-lüftend)**
Karl Richter
Großhaderner Straße 24
8000 München 55

**Gewächshäuser, Floratherm-Balkonfrühbeet, Solar-Gewächshaus**
Kuno Krieger
Gahlenfeldstraße 5
5804 Herdecke/Ruhr

**Gewächshäuser, Warmbeete, Beta-Solar, Regentonnen**
Ing. Beckmann KG
Simoniusstraße 10
7988 Wangen/Allgäu

# Register

# Register

# Register

# Gesundes Gemüse
# aus dem eigenen Garten

Gärtnern leicht und richtig

**GEMÜSE**
Siegfried Stein

Gärtnern leicht und richtig
Siegfried Stein
## Gemüse
Übersichtlicher Ratgeber zum Gemüse-
anbau: Gartenböden; Mischkulturen;
Hügel-, Hochbeete; Folie, Vlies; Früh-
beete, Gewächshäuser; Pflanzenschutz;
Saatgut; Verschiedene Gemüsearten.

BLV Garten- und Blumenpraxis 352
Siegfried Stein
## Gemüse aus Großmutters Garten
Geschichte des Gemüseanbaus;
Beschreibung bekannter und ver-
gessener Gemüsearten: Aussaat,
Ernte, Verwendung, Rezepte;
Samengewinnung.

Garten-Erlebnis
Michael Lohmann
## Der kleine Küchengarten
Informativer, reich illustrierter Weg-
weiser für alle, die in kleinen Gärten
Salate, Gemüse, Gewürze, Teekräuter,
Beeren- und Baumobst effektiv
anbauen wollen.

BLV Gartenberater
Günther Liebster
## Freude und Erfolg
## im eigenen Gemüsegarten
Anbau-Anleitungen für alle
wichtigen Gemüsearten: Sortenaus-
wahl, Anzucht, Pflege, Düngung,
Pflanzenschutz, Ernte; Aussaat- und
Pflanztabelle.

BLV Gartenberater
Karlheinz Jacobi/Dietrich Mierswa
## Gärtnern unter Glas und Folie
Bau, Technik und Nutzungsmöglich-
keiten von Kleingewächshäusern
und Frühbeeten mit monatlichem
Arbeitskalender.

BLV Gartenberater
Marie-Luise Kreuter
## Kräuter und Gewürze
## aus dem eigenen Garten
Anlage des Kräutergartens, Kräuter-
und Gewürzarten, Kompost, Düngung,
Vermehrung, Pflanzenschutz, Ernte
und Verwendung.

---

# Gärtnern nach den Regeln der Natur

Marie-Luise Kreuter
## Der Bio-Garten
Das Standardwerk für den naturgemäßen Anbau von Gemüse, Obst und Blumen: alles über Aussaat, Pflanzung, Pflege und Ernte sowie die Anlage eines Naturgartens mit vielen neuen Tips zu Sorten, Präparaten, Geräten und Methoden.

Marie-Luise Kreuter
## So entsteht ein Bio-Garten
Einführung in das Biogärtnern für alle, die anfangen und es richtig machen wollen: Grundlagenwissen über die Methoden des naturgemäßen Gärtnerns mit Schritt-für-Schritt-Anleitungen, Anregungen zur Biogarten-Gestaltung und Plänen zum Nachpflanzen.

## Pflanzenschutz im Bio-Garten
Handbuch über den naturgemäßen Pflanzenschutz mit Porträts von Schädlingen und Krankheiten sowie Nützlingen; Lebenskreisläufe im Garten; Methoden der Vorbeugung und der biologischen Abwehr; Tabellenteil mit Obst-, Gemüse- und Zierpflanzen, ihren Ansprüchen und typischen Schädlingen bzw. Krankheiten.

Marie-Luise Kreuter
## Der Bio-Garten im Jahreslauf
Gegliedert nach Monaten: alle notwendigen Arbeiten im Gemüse- und Obstgarten, im Kräuter- und Ziergarten – mit Anregungen aus der Praxis und speziellen Bio-Tips.

---

In unserem Verlagsprogramm finden Sie Bücher zu folgenden Sachgebieten:

**Garten und Zimmerpflanzen • Natur • Heimtiere • Angeln • Jagd • Reise • Sport und Fitness • Wandern, Bergsteigen, Alpinismus • Pferde und Reiten • Auto und Motorrad • Gesundheit, Wohlbefinden, Medizin • Essen und Trinken**

Wünschen Sie Informationen, so schreiben Sie bitte an:

**BLV Verlagsgesellschaft mbH • Postfach 40 03 20 • 8000 München 40**
Telefon 089/12705-0 • Telefax 089/12705-547